大國工匠

彩

Dyeing

雷虎 撰
阮传菊 摄影

北京出版集团
北京出版社

传承大国技艺
守望热忱匠心

对传统技艺和艺人的最初印象，来源于中学语文课文。《核舟记》中技艺超群的核雕艺人，“能以径寸之木，为宫室、器皿、人物，以至鸟兽、木石，罔不因势象形，各具情态”；《口技》中的口技表演者，只“一人、一桌、一扇、一椅、一抚尺而已”，上演了一出精彩绝伦的情景剧。这些独具特色的传统技艺，如同星星，点缀在中国五千多年的文明史中，见证着中华民族的历史脉络和独特魅力，也照进人们的生活，构成我们衣、食、住、行、娱的方方面面。

近几十年，社会发生了翻天覆地的变化。市场经济与工业化进程如一辆快车，载着我们驶入新的生活，也带着我们渐渐远离了那些传统技艺。不知从何时起，庙会上少了捏泥人的手艺人，过年时门上不再贴木版印刷的年画，精美的瓷器、温润的玉雕似乎只能在博物馆见到，宛如天籁的大歌、古老神秘的傩戏也只能在民俗表演里见到。大量传统手工艺品被标准、高产的工业流水线产品取代，蕴含民族文化与特色的习俗也因文化趋势流变被推到消失的边缘，越来越多的老行当随着时代的推进从我们的生活中消失。

但是做了一辈子老行当的手艺人，却不能割舍这份感情。他们或隐身于闹市街巷的艺术工作室，或留守在深山的工艺保留地，或投身于专门的“非遗”保护传承机构，继续从事自己钟爱的事业。我们见过做木雕的手艺人，一笔一刻，在寂静的时光中雕琢每一件浸入心血的作品；我们见过雕版的工匠，平刀、圆刀、三角刀流转手中，勾勒出千变万化的美妙图案；我们寻访过隐世的银匠，见证最美的银器在烈火与锤打中诞生；我们光临过小县城中的皮影戏馆，看着皮影艺人和他们的观众一起慢慢老去；我们也几度"进宫"拜访神秘的文物修复师，看他们如何让一件件故宫的稀世珍宝"起死回生"……幸而有这些"择一事终一生"的"大国工匠"，在日益浮躁的环境中始终坚守本心，许多传承千年的传统技艺得以留存下来，在时代的洪流中继续绽放光彩。

与此同时，国家也逐渐加大对传统技艺及传承人的支持和保护。国务院先后公布了四批国家级非物质文化遗产代表性项目名录，命名了五批国家级非物质文化遗产代表性项目代表性传承人，对传统技艺及传承人现状进行了系统梳理；2011年《中华人民共和国非物质文化遗产法》实施，为非物质文化遗产的保护和传承提供了法律保障；每年6月的第二个星期六被定为中国"文化和自然遗产日"，让文化遗产保护的理念深入人心……在社会的共同努力下，众多传统技艺以"非遗"项目的身份重回时代舞台，并逐渐被人们看到、了解、喜爱。

更令人欣喜的是，"'非遗'热"在引发民众对"非遗"项目关注的同时，也使许多富有创意的年轻人加入到了传统技艺的保护与传承队伍中，许多传统技艺也在适应时代的变化，大步向前，与时俱进：用传统手工艺打制的不锈钢酒壶畅销海外，刺绣的荷包成为"网红"伴手礼，蜡染布做的时装和布包成为时尚的代名词，甚至以宋锦织造技艺为灵感发明的人造血管已成功在临床上应用……这些经典的传统技艺，是念念不忘的绝响，就如同它们曾融入古人的生活一般，也渐渐在我们现代人的生活中放出光亮。

在这套十卷的丛书中，我们试图走进那些"大国工匠"的生活，记录他们的衣食起居，品味他们的酸甜苦辣；我们也尝试呈现那些传统技艺，梳理它们的历史源流，展望它们的传承创新。我们相信，在流量横行、“网红”遍地的当下，坚守本心、传承经典的工匠与艺人更值得被尊重；在物质丰富、文化多样的今天，精雕细琢、饱含底蕴的手工技艺更值得被推崇。

目录

桃花坞年画：贴在门上的民俗风情画

古时，桃花坞大街是苏州才子聚集地，
桃花坞是活在诗画中的风流；
而年画在人们的印象中，
和春联是同一种类型，
只不过是过年时贴在门上表达吉祥的装饰。
而桃花坞年画，
则是刻在纸上的民俗，
是孕育于才子佳人聚集地姑苏城的民间艺术，
把文人画的风雅用百姓喜闻乐见的形式来表述：
表达祈福迎祥的《一团和气》《花开富贵》；
用来驱凶辟邪的《神荼郁垒》《钟馗捉鬼》；
说时事风俗的《洋灯美人》《苏州火车开往吴淞》；
讲戏曲故事的《三笑姻缘》《穆桂英大破天门阵》……
一幅年画，就是社会的一扇窗，
透过它，我们能看清世间百态。
难怪《汉声》杂志创办人黄永松说：
“假设桃花坞年画有500张图，
我们的编辑需要把这500张图都解构了，
带出它们的能量信息，
把文化的细节都抓出来，再归纳，
这样你就能够看到中国人是如何表达喜怒哀乐的。”

画稿：吴门画意绘姑苏

年画，素来有“南桃北柳”之称。世间年画精品莫过于桃花坞与杨柳青。如果说杨柳青年画是粗犷的北方大汉，那么桃花坞年画就是精致的江南美女。两大派系的年画不分伯仲，各有千秋。相较于杨柳青年画用雕版勾勒出底图，上色全部用人工，桃花坞年画则全用套色，用时、用工都要省很多。在清乾隆年间的鼎盛时期，桃花坞年画每年销量达百万张，成为中国影响力最大的年画品种。不仅行销全国，还出口到日本，影响了日本浮世绘的发展。

传说最早的桃花坞年画作品是唐伯虎的《风流绝畅图》。虽然这有“拉大旗，作虎皮”

∨《百子全图》

之嫌，但是也道出了桃花坞年画的缘起——唐伯虎是吴门画派的代表人物之一，而桃花坞年画则和以吴门画派为代表的文人画有很深的渊源。

穿过唐伯虎祠堂，在唐寅故居旁发现一个幽深的院落。推开虚掩的大门，惊现亭台楼阁。门上有两个俊秀的繁体字：樸園（朴园）。这便是桃花坞木刻年画博物馆的所在地了。朴园是一处养在深闺人未识的苏州园林，而桃花坞年画则是一种“行将就木”的民间工艺。看到有客人来访，想对桃花坞年画做深入的了解，博物馆馆长凌君武欣喜不已，亲自上阵为我们做讲解。

桃花坞年画的制作分为三步：画稿、刻版、印刷。其中，画稿尤为关键，年画要表达的题材、风格在画稿时就定下了基调。古时有“琴棋书画”之说，绘画是文人雅士的专利。旧时没有版权之说，制作桃花坞年画的工匠看到市面上有流行的绘画，就拿过来做自己制作年画的模板。从这个层面上讲，桃花坞年画是源自对名人字画的复制。但是以前的复制，不像现在这般容易，一台电脑、一个鼠标就可以轻松搞定，而是衍生出了一整套复杂的工艺。

既然要复制名人字画，当然就要选择最有代表性的。有“江南第一风流才子”之称的唐伯虎，不但在文人雅士之中有很高的才名，在平民百姓中也有极高的人气，加之晚年又在桃花坞一带隐居，因而他的画自然成了桃花坞年画制作重要的“参考”对象。而文人画表达的是文人雅士的审美取向，和年画的受众——普通百姓的品位有差异。于是慢慢地，桃花坞年画作坊就出现了专门为年画作画的民间画师。

今年 80 岁的王祖德就是曾经成千上万的

∧ 王祖德的办公室里摆满了年画作品

> 画稿

桃花坞年画画师中的一员。1958 年，18 岁的王祖德考入苏州工艺美专，看到有师兄在进行版画创作后感到非常好奇："这不是儿时父亲在家制作的桃花坞年画吗？怎么现在成了大学开设的课程？"询问后才得知，曾经盛极一时的桃花坞年画已经成为明日黄花。民间已经鲜有艺人再从事制作，如果再不在大学开课抢救，流传几百年的桃花坞年画艺术就有失传的危险。这对王祖德来说，是极大的触动，因为桃花坞年画给他留下了太多美好的记忆：父亲曾经边画《三笑姻缘》的画稿，边和他讲唐伯虎点秋香的故事；晚上做噩梦醒来时胆战心惊，想到门上贴有《钟馗捉鬼》的年画后就宛如拿到了护身符；反映婚丧嫁娶的年画让他懂得了传统礼仪；说民间嬉戏游艺的年画培养了他的情操和趣味——年画之于王祖德就如漫画之于现在的青少年，是了解社会的重要窗口，给他留下了太多的童年记忆。王祖德不清楚年画失传对其他人来说意味着什么，但是对他来说，意味着失去童年最好的伙伴，这是无法接受的。

从那时起，王祖德就开始拾起连父亲也不再做的年画，成为一个专业的年画画师，一画就是 60 多年。唐伯虎画桃花，是用吴门画意"摘桃花换酒钱"，而王祖德画桃花坞年画，则是用吴门画意手绘姑苏记忆。"画年画画稿，不是画家作画，信马由缰。要注意和下道工序配合。线条要均匀、要细。不均匀，刻版就不流畅；线太粗，印刷时就会模糊，"王祖德细细地说道，"桃花坞年画还得靠年轻人，这么好的工艺需要传承。"

刻版：拳刀岁岁刻梨木

> 刻版时要注意力集中，稍有走神就会前功尽弃

画稿完成后，就进入了桃花坞年画制作最艰难的环节——刻版。中国的雕版印刷经历了上千年的发展后，到明代初期已经达到很高的水平，逐渐演化出刻书和刻画两个分支。刻画开始时只是刻书的衍生品，主要用来给剧本、小说刻插画。因为插画表现更为生动，更能为普通百姓所接受，因而慢慢独立出来形成版画这一艺术门类。而桃花坞年画则是中国版画杰出的代表之一，因其精致的刻工而被称作“姑苏版”。

木版是雕版印刷的模具，一般都选择质地坚硬、木纹细密的梨木为刻版材料。梨木要先入水池浸泡，待不变形开裂后，再裁成一两寸厚、和画稿大小相当的木板，用刨子刨平、砂纸磨光后，把画稿反贴后就可以刻版了。

如果说画稿是用毛笔在宣纸上写意，那么刻版就是以拳刀为笔在梨木上作工笔画。表面上看，刻版是对着贴好的画稿依样葫芦，但是拳刀虽小，却并不是人人都能舞得动的。画稿基本上都是由流畅的线条构成，刻版要想把画稿的韵味展示得淋漓尽致，线条也必须一步到位。要想在木纹细密的梨木上划线，拳刀要锋利，刻版者需要有非凡的定力。如果稍不留神，一刀刻错，整块版就前功尽弃。

旧时，桃花坞年画为保证“术业有专攻”，每一道工序都严格分工，刀工只负责与刀有关的步骤，把磨刀作为传内不传外的机密，一个学徒只有练到 10 年才允许在大型版画上动刀。如今桃花坞年画传人青黄不接，桃花坞年画博物馆要求新人都必须成为“全能战士”，学会全套的年画技艺。老刀工纷纷拿出自己压箱底的技艺，千方百计调动学徒的积极性，只为在贴年画风俗不再的当代，将桃花坞年画传承下去。

孙一波是新一代桃花坞年画刻版师中的代表人物，他第一次接触年画是在上大学时。1998 年，苏州工艺美术职业技术学院成立了专门的桃花坞木刻年画社，开始招收传承人。“当时看到年画时感觉非常震惊，苏州有这么好的民间手工艺，我居然闻所未闻！”于是孙一波抱着试一试的心理报名参加年画社，“就当是参加一个大学社团吧！”

普通的大学社团大门敞开都没人，但是桃花坞木刻年画社笔试、面试好几轮，只招三个学员，报名的却有几百人，这极大地激发了孙一波的斗志。“当时真没有多喜欢年画，只是奔那种‘百里挑一’的感觉而去的。”也正是这种知难而上的性格，让孙一波真正爱上了桃花坞年画。桃花坞木刻年画的雕版是用梨木制成的。雕版就好比在梨木上以刀为笔作工笔画，“梨木质地坚硬，木纹细密，要在上面刻工笔画，得有几把刷子”。

一同进年画社的同学，最终都没有迈过这道坎。有的同学听说一张A4纸大小的年画，熟练的刀工都最少要刻三个月后，就当场“知难而退”了；有的同学在刻版要完工时，刻错了一刀，使整个雕版报废，当场崩溃了；有的同学在得知最少要练习三年才能独立刻版时，不干了。最终只剩下孙一波一个人仍坚持战斗。支撑孙一波继续做下去的理由很简单：“武侠片中，高手在走投无路时，在悬崖上用宝剑把自己的武功秘籍刻出来，太帅了。而桃花坞年画也是一门快要失传的绝技，我就要做这一行，用拳刀在梨木上刻‘年画真经’！”于是，那时的孙一波成了桃花坞年画唯一的传人，几位老师父围着他一个人教，孙一波经常有种错觉：“我感觉自己就像《射雕英雄传》中的郭靖，而王祖德老师他们一帮人就是江南七怪。”

终于，功夫不负有心人，在经过几年的闭关修炼后，孙一波学成了秘籍，复原了《一团和气》（雍正版）、《寿》、《月光美人》、《王蜀宫妓图》、《黄金万两》、《宋江》、《天官赐福》、《灯画》等失传的版画作品，其中《一团和气》（雍正版）荣获山东潍坊全国年画展金奖。

< 王祖德手握拳刀刻版

套印：江南仕女贴花黄

套色工艺是桃花坞年画有别于其他年画的独特工艺。从刻版上印刷出来的年画是黑色的，“就好比素颜的美女，而填套就好比给素颜美女上妆的过程”。给我们展示套印工艺的是80后年画工艺师乔兰蓉。乔兰蓉2004年大学毕业后开始从事年画的创作、制作与研究，目前就职于苏州桃花坞木刻年画博物馆，是为数不多志愿从事桃花坞年画创作的年轻工艺师之一。

∨ 套色过程中必须仔细核对位置，一旦调整好，就要大量印刷

套色印刷的年画

“每一幅成品年画都是色彩缤纷的，而一块套版只能给年画上一种颜色。所以，每印一幅年画，都要准备好几块套版。一般简单的年画只要 6 块套版，而最复杂的需要 26 块套版”，乔兰蓉解释说。以印刷《双美爱花图》为例：仕女的脸和嘴唇是朱红，那就专门用一块套版刻出脸和唇，然后把套色版固定在桌子上，用刷子在套色版上刷上朱红色的水墨。然后用配套的塑料薄膜盖在套版之上，让涂过朱红的脸和唇露出来，再把上好底色的画稿贴上去。当朱红色的水墨浸透宣纸后，美女的脸上就抹上了“胭脂”，唇上就打上了“唇膏”。同样的道理，要把仕女的衣裳染成黄色，就要刻出一块衣裳形状的套版；要让美女背后的鲜花变得娇艳欲滴，就得替鲜花刻一个套版……

<《双美爱花图》(海外收藏)

> 清初（康熙）《秋花篮筐图》，2009 年复制，乔兰蓉制作

△ 刻版上色时要把握好湿度，不能太干也不能太湿

▷ 印刷后的刻版

每一次上色时，水墨都不能放得太多，不然宣纸会被浸透，用刷子“熨烫”时，宣纸易破。一块套版想要达到理想套色效果，要反复填套，少则三次，多则七八次。而连续地填套，一定要让套色版纹丝不动，不然套色的过程中发生位移，就会造成重印和偏色。每一次套色时，再熟练的填套工都不可能一次成功，要不断地试验，根据套色版和画稿的位置不断调整。一旦调整好，就开始大量印刷，通常一次要印刷数百张。平均每填套一次用 3 张宣纸，而一幅年画一般要填套 6 种颜色，所有套色版填套下来，就要用 18 张。如果填套有 26 种套色版的年画，那就需要用 78 张。而桃花坞年画都是选用最好的宣纸印刷的，因此制作成本高得惊人。

“桃花坞年画的制作过程虽然烦琐，但是这也让它具备了精致、典雅的特质。套色就是‘对镜贴花黄’的过程，如果这样想的话，那么套色再烦琐也都能接受了。”乔兰蓉说道。

桃花坞
又见新版画

王祖德还记得儿时父亲卖年画的情景：那时年画是每家每户“打年货”时的必购物件。每到腊月，父亲就会挑着货担走村串巷。报童卖报时高呼“号外”，而卖画郎则唱着“年画歌”，把年画的内容用歌词唱出来以吸引顾客。

桃花坞年画的历史巅峰时期是清代乾隆年间。无奈，到了太平天国时期，太平军围攻苏州，清军放火烧城。桃花坞大街上大火烧了七天七夜，大量珍贵的画版被付之一炬。桃花坞年画自此凋零。

如今，就算是桃花坞木刻年画博物馆，集全国之力也未收集到几块老版。在桃花坞年画资料室，王祖德向我们展示了一块他珍藏的老版：一块已经开裂的《花开富贵》。这是王祖德偶然得来的：20 世纪

/\ 桃花坞木刻年画博物馆外景

60 年代初，王祖德到苏北、安徽、浙江等地开展桃花坞年画调查时和一位农民聊家常。农民得知王祖德在从事年画创作后，说自己祖上也是做年画的。祖上每年过年时会到苏州卖猪，卖猪所得会换成年画回老家卖，后来看买的人太多，就专门到苏州学雕版技艺，自己回老家制作年画。祖上做了几代的年画，存下了大量画版。但是后来年画凋零，那些画版就被当成柴火烧得差不多了。这让王祖德大为震惊。最终王祖德在农户家的猪圈中，发现了一块清代画版。反面已被刀砍出了一个凹槽，正面是雕工精美的《花开富贵》——偌大的桃花坞年画博物馆，仅存的一幅清代画版，居然靠着当切猪饲料的砧板才被保存下来。

《榴开百子》

榴開
仙境
蘭房生貴子

桃花坞年画是面向普通百姓的艺术，因而很少被人收藏。因为各种原因，存世的 100 多件老画版绝大部分都保存在日本的博物馆中。王祖德现在做的事情，就是带领着一群年轻学徒复原这些画版。虽然老画版不在中国，但有了这些新画版，桃花坞年画就能传承下去。同时，他也

在桃花坞木刻年画博物馆中开办年画习训班，面向社会招收对年画感兴趣的业余学徒——作为一个桃花坞年画人，王祖德希望能尽己所能把桃花坞年画留住，留住一年又一年的福分，留住祖祖辈辈的故事。

∧ 王祖德指导徒弟印制年画

秦淮灯彩：
夜市千灯照碧云

每到元宵观灯时，
南京夫子庙人潮汹涌，
以至步行街上都要交通管制，人群只能单向挪动。
平时躲在老城南小巷中扎灯彩的老师傅，
也终于迎来了一年一度的“阅灯式”：
他们把自己扎了一年的各式灯彩一字排开，
用灯彩打擂，秦淮河就是他们的擂台，
而每一位观灯的游客都是裁判。
这种以秦淮河为擂台，
以灯为选手、游客为裁判的模式，
已经流传了几百年。
很幸运，
当年味越来越少，过节越来越平淡时，
身处南京，年复一年的秦淮灯会，夜市千灯照碧云，
也照出了过年应有的氛围。

南京

老城南寻灯者

第一次听说秦淮花灯，是在高中课本中。“这灯彩实在是最能勾人的东西。夜幕垂垂地下来时，大小船上都点起灯火……”相信很多人读朱自清的散文《桨声灯影里的秦淮河》时，都像我一样怦然心动。我就是受了朱自清的影响，为了看灯影，义无反顾地选择了去南京上学。

来南京后，第一件事就是去夫子庙。秦淮河混浊的河水让人很失望，倒是河畔大照壁上的双龙戏珠和金陵十二钗的花灯让人眼前一亮。南京有句话：“来南京不逛夫子庙，算没来；逛夫子庙不买花灯，算没逛。”来南京时，正值九月，没有见到秦淮花灯，不甘心。元宵节时，按捺不住激动的心情，拉着同学去夫子庙寻花灯。

出门前，我眼前就浮现出花灯绽放的情景，而忽略了南京同学脸上诡异的笑容。一到夫子庙，我傻眼了，夫子庙浮现出“半街瑟瑟半街红”的景象：悬浮在街道上空的，是火树银花的灯彩；流荡在街面上的，是密密麻麻的人流。这一天，我们有幸见识了秦淮花灯艺人们压箱底的手段，但却不幸地和全国各地赴秦淮灯会的人流相会了。于是，整个夫子庙只能单向通行。

看到一盏在寒风中摇曳的荷花灯，我想驻足观赏，但是转瞬间已被人潮推到了三米之外——此后十几年，提起秦淮灯彩，我眼前就下意识地浮现出一个场景：夫子庙大照壁上金碧辉煌的双龙和秦淮河畔遗世独立的金陵十二钗冷眼旁观脚下黑压压的人群。

所以，当摄影师拉着我去寻访花灯艺人时，我就开始发怵了：“你确定拍花灯时，能扎稳马步，不被看灯的人卷走？”

此时还在春节之前，但是街上已经点起了零星的灯彩。我刚在摇曳的荷花灯前驻足，想买一盏慰藉学生时期的花灯未了情，无奈，人流涌动，只好放弃花灯，去寻访做花灯的人。穿街过巷，街道变得越来越破败，花灯也越来越稀疏。最终，在墙上写满“拆”字的巷口，摄影师举起了相机。

我试图顺着镜头的方向寻找荷花灯的踪影，但只看到挂在竹竿上晾晒的腊肉和香肠，还有在断壁残垣前坐着小板凳打望的老人，至于花灯，已经彻底消失在“肉肠阑珊处”。

这里便是被誉为南京“城之根”的老城南地区。朱元璋定都南京后，把南京城分为三部分：东部皇宫，西北军营，南部居民区。以夫

∧ 南京夫子庙正月灯会

子庙为中心的南部居民区，是老南京商业最发达的地方，也是南京手工业者的聚集地。在明清之时，老城南一带有专办宫廷手工制品采买事宜的“七作二房”区。所谓“七作”即银作、铜作、染作、衣作、绣作、花作、皮作；“二房”是指帽房和针线房。因为手工业者聚业而居，因而产生了一些具有代表性的地名：比如专门从事花作买卖的地方，就叫花市街；专门从事衣服制作的地方，就叫估衣廊；专门从事箍桶生意的地方，就叫箍桶巷……

我料想花灯艺人的聚集地，应该也差不多取个灯彩街或者花灯坊之类的地名，但是摄影师却把我带进了一条名为大油坊巷的小巷。“难道旧时花灯是烧油的？”我脑海里瞬间生成了大大的问号。摄影师摆摆手："我也不知道！"

终于抵达大油坊巷58号。门口是个老式的牌坊，从牌坊往里看，有庭院深深之感。看来，旧时这里应该是大户人家的宅院。但是跨进牌坊后，来了180度的转变：让我产生庭院深深之感的，不是院落，而是一间近百平方米的大房间。裸露的大梁上挂满了用塑料袋装着的杂物，房间四周大约有七八个小房间，几乎每个小房间门口都停着一辆小推车。有的推车上铺了各款式的鞋，有的挂满童装，有的则点缀着各式首饰，还有一辆车的车架上挂了一只荷花灯和一只圆灯笼——这儿，是小商贩们的家，门口的小推车就是每家的门牌号码。现在是吃午饭时间，小贩商们忙碌了一上午后，把推车推进这里，开始给孩子们做饭。

> 南京甘熙故居里的灯彩坊

燈彩坊

六十年 百花丛中

我们绕过花灯车，推开了那扇斑驳的木门。刹那间，眼前突然变得五彩斑斓：屋外是朔风凛冽的寒冬，而门内却已经百花盛开——悬挂在房梁上的几十盏紫色的荷花灯早已经把这儿变成了“夏日荷塘”。当我们推门而入时，这些花灯似乎感受到从门外窜入的冷空气，迎风摇摆起来，宛如荷花随波起舞。看到这令人震撼的场景，我们都愣住了，呆呆地仰望着荷花灯，就如同两条潜伏在水底垂涎莲花的鱼。

当我们在“夏日荷塘”玩得乐不思蜀时，推门的声响让我们重新回归现实。一位老者双手捧着一匹黄色骏马模样的花灯走了进来。看到我们看荷花灯的表情，他似乎很满意。在点头示意后，把手上的骏马放在荷花灯下的案台上。此时，眼前展现出别开生面的画面：骏马在开满荷花的湖底狂奔。

老人名叫曹真荣，是江苏省非物质文化遗产秦淮花灯代表性传承人。

“曹老，您做的这匹马是不是叫‘的卢’啊，居然能在荷花池底游泳？”我指了指悬挂着的花灯，又指了指案台上的骏马打趣。

“它不是在水里游，是在天上飞！”曹真荣指了指马蹄，这时我才发现，骏马两蹄腾空，而另两只蹄正踏着一只飞燕——原来这只花灯的创意来自“马踏飞燕”。曹真荣每年都会扎一只具有代表性的花灯，给自己一年的花灯创作定个基调。2014 年是马年，曹真荣希望自己的

> 传统秦淮灯彩都是用纸作为原材料

三届中国东方工
暨第十一届中国民间文艺

花灯事业能够像“马踏飞燕”一般，上升到更高的境界。

如今，曹真荣76岁了，这也是曹真荣扎花灯的第66个年头了。抬头望了一眼头上的百朵荷花，又抚摸着案台上的“马踏飞燕”，曹真荣开始讲述秦淮花灯的历史以及自己和花灯的情缘。

南京秦淮花灯的历史可以追溯到东晋时期。以往，每到元宵佳节，宫廷都有用红木做骨、绸布裱糊制作宫灯的习俗，以示国泰民安；达官显贵们开始效仿宫廷宫灯的形式，制作花灯，以示飞黄腾达；而普通百姓看到达官显贵家张灯结彩，竞相效仿，以示家庭美满。但是平民百姓根本无力消费红木、绸布，便用竹子和纸张代替，于是就变成了一门篾扎纸糊的艺术。秦淮花灯就慢慢从深宫中走出，变成了灯火满市井的民间娱乐。

明朝定都南京后，朱元璋为了招徕天下富商建设南京，极力营造盛世氛围，下旨把元宵节张灯的时间延长至十夜，甚至经常微服私访参加民间灯会；永乐七年（1409年）初，明成祖朱棣更是“赐百官上元节假十日”，鼓励百官与民同乐，这样一来，元宵节灯会便成了南京全民性的娱乐。

因为明朝时南京的灯会通常在秦淮地区的夫子庙一带举行，一年一度的秦淮灯会几百年不衰，因而博得了“秦淮灯彩甲天下”的美名。而千百年的耳濡目染，使扎花灯成了秦淮地区一带百姓的传统。

“像我家现在所在地方，是南京的老门东地区，旧时老门东和老门西是秦淮花灯艺人的

聚集地。以往，这两个地方虽然处在城区，却留有大片的菜地，因而有数量庞大的菜农。这些菜农春、夏、秋三季以种菜为生，到冬天后闲来无事，就扎一些花灯来贴补生计，于是秦淮灯彩就产生了。”曹真荣说起秦淮花灯的历史时如数家珍，因为他爷爷就是这些忙时种菜、闲时扎花灯的艺人中的一位。

曹家的花灯技艺从曹真荣爷爷算起，传到曹真荣女儿这一辈，已历四代人，跨越百年历史。

∧ 色彩淡雅、栩栩如生的荷花灯

花灯『转基因』

每年元宵节前，曹真荣就会成为媒体人追逐的焦点。他们都试图从这小小的作坊中提前打探到这年秦淮灯会的情报，因为曹真荣每年都会拿出让人眼前一亮的花灯作品：2013 年，蛇年生肖灯的设计愁坏了花灯艺人，但曹真荣却在他的蛇灯“后脑勺”上加了一个瓢，又取了黄金蟒（满）这讨巧的名字，立马让蛇灯萌态与富气并重。

很多人只关注曹真荣的花灯创意，却鲜有人会关注花灯美丽外表背后的工艺。

起初，扎花灯贴补生计的菜农们用编箩筐剩下的竹黄边角料来做灯笼骨架。那时扎灯笼不需要太多技术，只要把它扎得粗具模样就行了。从曹真荣的父亲开始，扎花灯就成了家庭的主业。当扎花灯成为家庭主要经济来源后，手艺就成了核心竞争力。

传统的荷花灯，骨架是用竹黄制成的。制作骨架时，先把竹子削成细长的竹篾，长度视荷花灯的大小而定。荷花灯越大，竹篾越长。当竹篾做好后，下一步就开始做骨架，即用纸绳把竹篾扎成竹箍。

“不是用麻绳，而是用纸做的绳子？”我听后觉得不可思议。“传统的花灯，都是用纸绳扎的，因为纸绳比麻绳更便宜，也更牢固。”曹真荣见我们将信将疑，于是拿起剪刀开始做示范。“剪纸时，要注意顺着纸的纹理来剪，这

∧ 制作荷花灯的骨架

样，剪出的纸能够承受的力也更大。”一张A3大小的纸，被曹真荣剪出了上百条纸带。只见他拿起纸带，两只手用大拇指和食指分别抓住两头儿，一只手朝里搓，一只手朝外搓。十几秒钟后，一条纸带就变成了一条纸绳。

普通的荷花灯灯骨，由八条经线和两条纬线构成。扎经线时，把一条竹篾的两头儿交叉，竹篾头儿呈双手合十状，然后在接头儿处绑上纸绳，竹篾就变成了圆圈。扎一个荷花灯，用四条竹篾对扎，就成了八条经线；扎纬线时，把一条竹篾的两头儿并排，竹篾头儿呈双手合一状，然后在接头儿处绑上纸绳，竹篾就变成了椭圆形，扎一个荷花灯，用两条竹篾顺扎，就成了两条纬线。

当竹骨扎好后，在骨架上糊一层白纸，荷花灯就露出雏形了。“现在的荷花灯，就像光

∧ 荷花灯花瓣上的纹理和压制纹理的工具

> 曹真荣和他的荷花灯

溜溜的鸡蛋，还不够漂亮，要让它变漂亮，得贴花瓣！”曹真荣把贴好白纸的灯笼放在一边晾干，开始制作花瓣。

只见他从座子底下拿出一只纸箱放在桌上，抓出一张剪成荷花瓣形状的纸片。“花灯，是一门集剪纸、染色、纸扎、书法、刺绣等多种工艺为一体的艺术。像这个花瓣，每一张都是手工剪出来的，这时，就要求艺人必须有深厚的剪纸功力；剪出荷花瓣后，还要把白纸染成白里透红的颜色，不懂染色没办法做……”

但是，这些都不是最难的，做荷花灯最难的是做出花瓣上的纹理。曹真荣首先拿出一根啤酒瓶粗的木棒，从桌子上拿起几张剪成荷花花瓣形状的纸片，把纸片叠在一起后紧紧卷贴在木棒上。然后抽出一根长长的细铜丝。一只手压住纸片，一只手往木棒上缠铜丝。当铜丝完全覆盖住纸片后，就把缠住铜丝的木棒塞进一个木质的圆筒中。然后像捣药一样来回捣弄几下，再把铜丝松开，纸片上就留下细铜丝的压痕，这些压痕就成了花瓣的纹理。

当花瓣的纹理弄好后，曹真荣就开始拿起一片片花瓣往白灯笼上贴。每个荷花灯，根据大小的不同，花瓣的数量不一。通常，直径20厘米左右的花灯，要贴48片花瓣。花瓣上完，荷花灯的外形就像模像样了。这时，就进入了上灯环节——把一个带蜡烛的小荷花或带电灯泡的荷花苞放进灯笼里边，点上蜡烛或电灯，一只荷花灯就完工了。

随着时代的变迁，原来随处可见、价格低廉的竹子越来越难找，就连纸张，也变得越来越贵。篾扎纸糊的秦淮花灯终于走到了十字路口。遵循了一辈子传统的花灯艺人也不得不面临抉择。

“20世纪80年代，我父亲第一次用铁丝做灯骨，用化纤布做灯面时，我曾经和他大吵过一架，甚至踩过他扎的花灯，但是当我跑遍南京城也买不到竹子时，我知道，花灯不改不行了！”曹真荣一直是秦淮花灯界的风向标，但是这花灯风向标在骨子里是守旧的人。

竹黄少了，但灯会要点花灯。铁丝可塑性强，又便宜，为什么不用？纸是传统的制作花灯的材料，纸灯的寿命短，布灯的寿命长。纸不能弯，交接处不平，但是布却可以任意拉伸，还不会坏，为什么不能用布替代纸……在经历了一系列的思想斗争后，曹真荣决定“双管齐下”。只留下一小部分最传统的篾扎纸糊的花灯慰藉自己的花灯传统，腾出大部分精力投入到花灯的“基因改造”中。

在曹真荣看来，当花灯变成“转基因”后，也许将不再符合一部分人的口味。但是，如果花灯不改进，“夜市千灯照碧云”的场景，就只能出现在前人的诗词中了。

< 曹真荣给荷花灯“上灯”

国画颜料制作：用一生守护中国色彩

每当我们走进博物馆观摩那些色彩绚烂的中国古画，
都会惊叹于古人精湛的画技，
但很少有人留意隐藏在国画背后的玄机
——比画师、画技更神秘的古画“保鲜”手艺：
承载国画的宣纸千年不腐，
调配色彩的颜料千年不败……
无论是制宣纸的纸工，还是配颜料的工匠，
都一直隐藏在中国画的光彩后。
直到电视节目《国家宝藏》播出，
第一期介绍中国十大名画之一——
北宋画家王希孟的《千里江山图》。
国画颜料工匠仇庆年登台，
揭秘这中国山水画卷巅峰之作颜色千年不败的奥秘。
这时，大家才发现颜料工匠这个群体，
也发现了国画的盛世危机：
如今画国画者万千，
但守护中国色彩千百年的纯正国画颜料制作者
却仅剩仇庆年一人。

从姜思序堂到庆年堂

以前没有化工颜料，国画中的色彩，都取法自然：颜料工匠为了丰富国画颜料的色系，踏遍青山，以自然界的矿石、动植物为原材料，把自然界的色彩“封装”起来，做成颜料。

画家们通过手中的生花妙笔，把颜料用水墨调和，回归本色后，画成山水草木、鸟兽鱼虫。于是，每一幅国画依靠自然颜料的加持，得以自然地表现一年四季山水变化、日月轮回、鸟兽作息。

绘画，不仅仅是一门技巧，更是一门修身养性的学问。画国画自然而然成为古代文人的人生必修课，于是调配国画颜料也成为文人的生活日常。文人墨客之间，品诗论画之余，相互馈赠调配的颜料也成为风雅之事，国画颜料老字号姜思序堂便在这样的背景下诞生了。

明朝末年，苏州出了一位名叫姜图香的进士，现在很多人提及他，不是因为他当官时做出了多少政绩，而是因为他一位不知名的子孙。这位子孙没有像先辈一样考取功名，却因为家庭的熏陶成为一名画家。他绘画才能平庸，却是位“制色达人”。他调制出的国画颜料不但颜色丰富，还能纸色合一、经久不褪。每次赠送给画友，都被视为至宝，以至于很多文人放下清高，“贪得无厌”地向他索取颜料。

“制色达人”去世后，索取颜料的请求却没有停止。他制颜料的技艺和画师们对姜氏颜料的需求，都留传下来。因为索取颜料的人越来越多，量越来越大，姜氏家族决定改赠送为售卖。

清乾隆年间，姜氏子孙在苏州阊门内都亭桥开设了一家前店后坊的作坊，取名为“姜思序堂”。中国文人一向重道轻器，进士后裔丢掉画家的身份改做颜料工匠，对姜氏子孙来说，是一件难堪的事情。但姜思序堂的成立宣告了中国第一个专业的国画颜料生产品牌诞生。

姜思序堂一开业，苏州就成了国画颜料制作高地。苏州自古以来层出不穷的文人墨客，成为姜思序堂生存的坚实基础。而姜思序堂这样专业的国画颜料作坊，又让吴地画家终于从自行研料磨粉的日子中挣脱出来，专心过吟诗作画的日子。

中华人民共和国成立后，对工商业实行公私合营，姜思序堂和几家颜料厂一起变成了合作社。1964 年，仇庆年从苏州中学毕业后，被分配到姜思序堂国画颜料生产合作社，师从国画颜料老艺人薛庚耀学艺。那时，画鸟兽鱼虫

< 仇庆年在庆年堂里留影

> 五彩斑斓的国画颜料，都是来自大自然的颜色

不再是知识分子的生活主流。师父薛庚耀虽然殚精竭虑研发各种新品，但挡不住市场销量的整体下滑，再加上化工颜料开始冲击市场，姜思序堂的经营开始江河日下。

1983 年，师父薛庚耀退休，仇庆年开始担任姜思序堂的技术副厂长。这时的整个国画颜料市场，新式工艺的化工颜料已经猛如虎，不但价格便宜，还做得像小型软管牙膏一般轻巧而便携，迅速占领了国画市场。

“这些化工颜料‘只争今朝’，用它们作画过不了几十年就褪色，如果当代画家都用化工颜料作画，千百年后我们的子孙就再也看不到我们这个时代的作品了！”已经年过七旬的仇庆年说起当年化工颜料“打压”传统颜料的场景，至今还愤愤不平。

当年，姜思序堂成为传统颜料最重要的阵地，仇庆年也曾经带领颜料工匠们进行绝地反击：他曾经“以彼之道，还施彼身”，改进传统颜料生产工艺，学习化工颜料的包装模式，把传统的国画颜料做成软管装，在一定程度上，挽回了画师们的心。

但传统国画颜料价格太高仍使其处于劣

势。2005 年，姜思序堂在传承了近 300 年后，终于退出国画颜料江湖。后来，因为国家开始加大保护传统文化遗产力度，姜思序堂得以在 2012 年重新开张，但姜思序堂早已不是原来的姜思序堂。这一年，传承正统国画技艺的仇庆年决定出山，以自己的名号开宗立派。

“庆年堂”这个字号能流传多少年？仇庆年也不清楚。面对瞬息万变的国画颜料市场，他已经有点儿力不从心。他只能在自己狭窄的工作室里，捣鼓着瓶瓶罐罐。他的梦想是让每

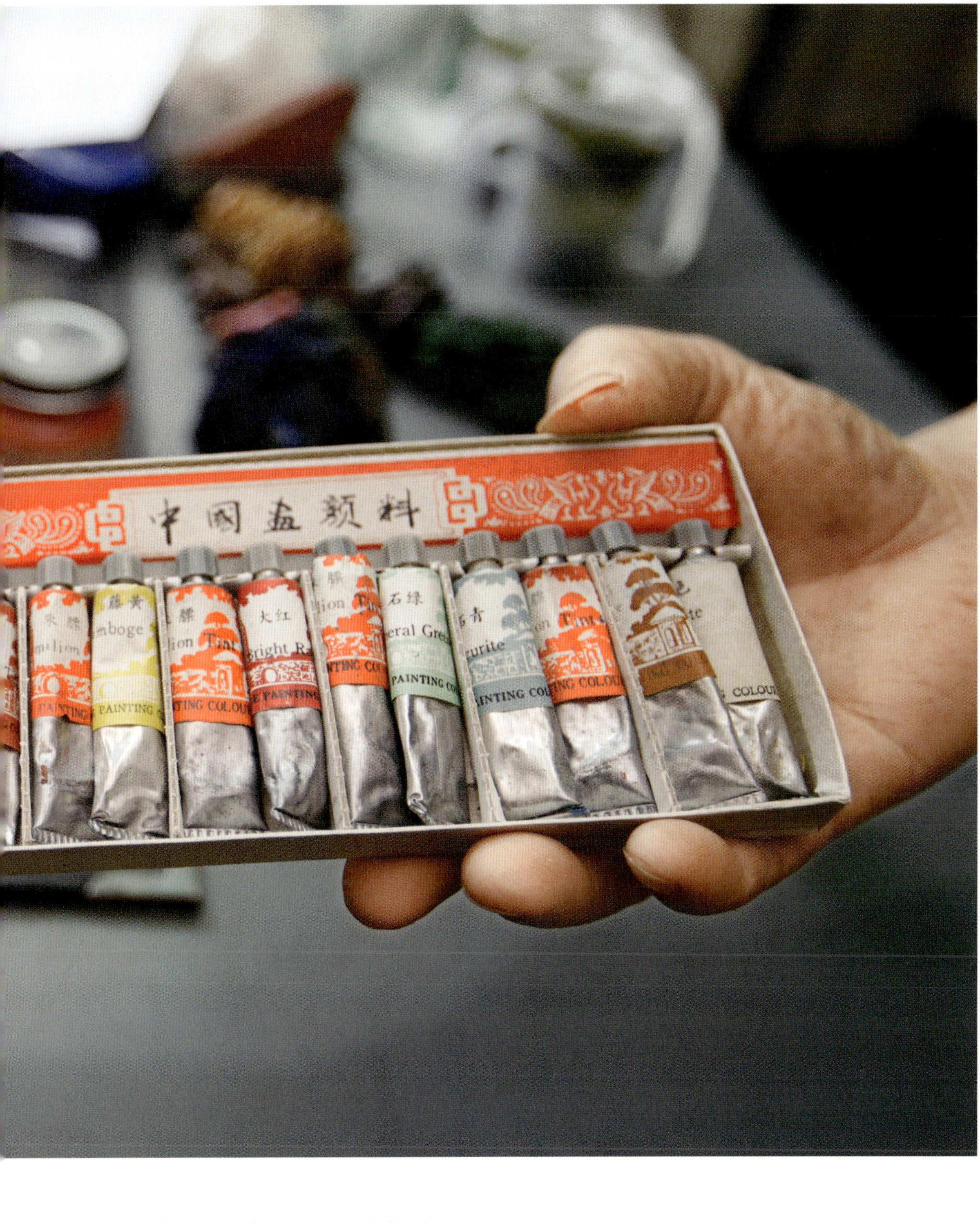

个有志于作品流传千古的画师，都能用上这些封装在瓷瓶中的膏状国画颜料。当一套装有国画颜料的瓷瓶打开，国画画师就能凭借这些颜料，勾勒出一个五彩斑斓的世界。

∧ 仇庆年早年设计制作的软管装国画颜料

国画行业『药掌柜』

> 仇庆年在石臼里研磨颜料

苏州的手艺人，绝大部分都隐藏在老城区——姑苏区。如果说这里的小桥流水、粉墙黛瓦留住了众人印象中诗画江南的容颜，那小巷老屋中的各式手艺人便是驻颜的“粉底”。

仇庆年老先生怕我找不到他的工作室，在电话中不厌其烦地告诉我他附近的地标，过了十几分钟后看我还未到，又来电话：“干脆我来路口接你！”于是，我们在路口看到一位老人左右张望。看到我后，他眼光停顿了几秒后又移开，捕捉下一个“猎物”。直到我站在他面前唤了一声：“仇老！”

这时他才回过神来说：“是你？不会吧，这么年轻？”

此时离电视节目《国家宝藏》推出还有两年，仇庆年和他的“庆年堂”虽然在业内名声很响，但还不为普通人所知，来此拜访的大多数是上了年纪的国画画师。

仇庆年没有像其他老手艺人那样把我领进小巷中的作坊，而是把我带进马路边的楼房。大厅里柜台前坐着一排穿制服的公务人员和前来咨询的大爷、大妈，让人无论如何也无法把这儿和庆年堂这个颜料作坊联系在一起。

仇庆年看出了我的疑惑，指了指柜台旁边的楼梯说：“这里是虎我们的子孙可能就无法通过国画感受到我们这个时代的色彩了！”

仇庆年打开一袋绿色的颜料，这些颜料都是比针尖还细的粉末，很难想象，这些粉末是从一块孔雀石手工研磨而成，没有用粉碎机、研磨机。千百年来，正是因为这些国画颜料磨料人的努力，才让敦煌壁画飞天、宋代名画《千里江山图》等众多瑰宝留传至今依然光彩亮丽。

走遍山川 寻原色

国画颜料制作因为依托国画，一直是苏州各大学校“非遗进课堂”的保留项目。按正常程序，听仇庆年介绍完各种颜料都出自什么矿石，国画颜料制作技艺的演示就结束了。但我提了个“非分”的请求——想看颜料诞生的全过程。

这让仇庆年很尴尬，因为这个工作室与其说是个工作室，不如说是个“陈列馆”。所有的矿石都“仅此一块”，所以没办法把它们从石头磨成颜料。

“如果真的要看颜料的诞生，那就去我家吧！”仇庆年似乎下了很大的决心，才向我发出邀请。

仇庆年的家在离街道办事处不远的一个老小区内。仇庆年似乎对住在这里有点儿心存芥蒂：“你看，我被赶到姑苏城外了呢！”原来，以往的“老苏州人”，尤其是手艺人，为了讨生活，都会挑着担子四处游方。他们出了老城门阊门后，就正式告别了姑苏城，有可能一出城就几年不回。

国画颜料这一行则很特别。因为苏州多文人墨客，其他城市对国画颜料的需求量很难望其项背，因而国画颜料工匠们只需要好好经营自己的作坊，生活就能过得很滋润。但如今情况反转，即使是苏州老城区，用传统颜料作画的人数也开始“断崖式”下跌。庆年堂做国画颜料的收入，根本不足以支撑在老城区开店的租金。

仇庆年的家只有 50 平方米左右，最大的一个房间却被他用来做国画颜料研究室。各式各样的工具把狭小的研究室挤得水泄不通。而他的宝贝——各种用来做原料的矿石，就随便被装在蛇皮袋中，塞进桌椅板凳下。

仇庆年解开一个又一个蛇皮袋，像变戏法一般从每个袋子中拿出各种各样的矿石摆放在桌子上。孔雀石、蓝铜矿、青金石、朱砂……各式各样的矿石在阳光照射下，闪着五颜六色的光彩。几十年来仇庆年走访了全国各地无数矿山，每一袋石头都是他亲自肩挑背扛回苏州的。

“矿山都在条件恶劣的地方，只要能找到原料，吃点儿苦没关系，最怕的就是吃再多的苦也找不到适合做颜料的矿石。”因为国画颜料中有很大部分的原料来自各种矿石，这些矿石很多都是伴生矿。而做国画颜料的矿石很多都卖不出好价钱，用量又少，现在很多矿山都不专门为他们开采，因而获取原料的成本越来越高。

近 300 年后，仇庆年为了调出更好的国画颜料，甚至专门跟随苏州著名画家张继馨学了两年绘画。

几十年来，无论哪位画家到他这里来买颜料，在试颜料时，他都会露几手。天长日久，仇庆年在练就一身制颜料的绝技后，绘画风格上也融会百家，成为一名“扫地僧”。

∧ 为了试颜料的颜色，仇庆年特地学了两年绘画

少有人知道国画颜料产量有多低，制作起来有多辛苦。

“磨石粉的过程十分辛苦，实在磨不下去了，我就用画画来取乐。”说完仇庆年在桌上摊开一张宣纸，在旁边摆了一个小碗，倒进刚制好的头绿。毛笔蘸颜料后，不到五分钟，半截翠竹跃然纸上。

问他为何竹只画半截，仇庆年笑了笑：“这是行规，我从来不画完整的画，因为画完整的画，就是和画家抢饭碗。做手艺的人，一定要明白，自己只是工匠，不是艺术家。”原来，仇庆年学画，并不是为了作画，而是为了试颜料颜色纯不纯正，从而制作出让画家们更满意的颜料。

近300年前，姜思序堂的起源，是因为画师找不到更好的颜料，只能自己动手制作。

< 孔雀石研磨后溶入水中要过滤三次

此外，国画颜料的很多原料，现在都被用作其他用途：比如青金石，现在被用来做珠宝；而朱砂，很多人找他买去不为绘画，只拿来辟邪。就连仇庆年自己，也在磨颜料之余，磨了串青金石手串戴着玩。

做国画颜料首先是一件考验人体力的事情：从各大矿山做背夫扛回矿石后，就要进入研磨环节。只见仇庆年打开蛇皮袋，拿出一块碗口大的孔雀石矿石，又拿了一把铁钳径直走向厨房。他先把矿石浸在洗碗池水中，然后拿起铁钳把矿石捣碎。捣碎后，用清水冲洗去除杂质，把带颜色的矿石分拣出来。

这个过程，本来需要专门的机器和工作室。但家里条件有限，仇庆年只能等老伴做完饭后，借用家里的厨房完成。

将除去杂质的碎矿石倒入石磨，用石磨磨细后，再用丝网筛出细粉，倒入一个脸盆大小的石臼中。石臼上方是一个悬空的石杵，石杵上有一个手柄。仇庆年每天的工作，就是手握石杵，在石臼里碾磨石粉。

这个类似捣药的动作，每天都要持续 10 多个小时，20 多天后，碗口大的粗砺矿石才能变成细小的有光泽的粉末。这时把粉末倒入白瓷碗中，一块孔雀石矿石研磨之后溶入水中，只能形成一碗绿水。这碗水要过滤三次，三次过滤的水，分别叫头绿、二绿、三绿。

一大碗绿水最终除去水后，剩下的绿泥只能勉强铺满碗底。这些绿泥晒干后，再捣细成粉，只能装满三克装的小袋三四袋。每种颜料一袋三克，售价 15 元。很多人觉得贵，但很

国画颜料所用的矿石

凤凰古城里的蜡染店铺

古镇深巷藏染坊

凤凰古城门票价格不菲，这让本来就不是旅游旺季的古城显得有点冷清。许多游客聚集在沱江之畔的城门入口外，一些女孩头戴苗银、身着红裙、背着竹背篓在扮苗家女拍照留念。

我们进入古城，闯入了一条名为文星街的小巷，路过民国总理熊希龄故居，来到一家湘西手工姜糖作坊门前。有一老一少正在作坊门前抡着木槌卖力地打着姜糖，姜糖铺被人围得水泄不通：一半人等着尝姜糖的滋味，一半人拿着手机拍打姜糖的场景。

姜糖打好后很快就被围观者瓜分完毕，我们咀嚼着老姜糖中的老滋味，走在古城的石板路上。虽然古城的商业味道已经很浓，但眼中见到红灯笼、耳朵听到打银声、鼻子闻到姜糖味，内心还是对古城生出几分好感。尤其是在灯红酒绿中看到一只蓝、白、黑三色相间的布幌子在风中摇曳。走近时，风停了。定睛一看，幌子上写着几个飘逸的草书大字：刘大炮老染坊。草书下面有一行小楷：丙戌，黄永玉题。

凤凰的酒吧、客栈，以“遇见”“偶遇”为名者不计其数。凤凰之行，我们没有艳遇，却遇见了湘西最令人惊艳的蓝印花布染布匠刘大炮。

据说，刘大炮家是凤凰的染布世家，染布技艺到刘大炮这一代时尤令人惊艳，以至引得沈从文、黄永玉等从凤凰走出的文化名人纷纷特地回来寻访。沈从文赠其字，两联；黄永玉给其画像，两幅。

但是，这昔日受“大腕”们争相拜访的老染坊，现在却门前冷落车马稀，人气远不如气派的熊希龄故居，也逊于接地气的姜糖铺。游客们看到老染坊的幌子后偶尔会有人举起相机留影，却鲜有人发现这染坊上的几个字是黄永玉亲笔所题。

走进老染坊，堂屋不是手艺作坊的模样，却似读书人家的中堂。堂屋正中摆放着一把躺椅，躺椅后的墙壁上挂着一幅漫画，漫画上画了一位老者，怒目圆睁如金刚，双手抚膝而坐，蓝色的双手染蓝了裤脚。

摄影师笑言这是儿童画，但是当看到画两边配的对联后就立马闭嘴了——大炮在此，百无禁忌。落款又是黄永玉。

刘大炮，本名刘贡鑫，
祖上连续五代都是凤凰县城的名染匠。
12 岁那年，邻居黄永玉因为家贫，辍学离开家外出闯荡。
而那年同样 12 岁的刘贡鑫，也因为家贫辍学，
子承父业做了染匠。
此后 70 年，他每天的生活便是山上、染坊、沱江三点一线：
在山上采得板蓝根后捣碎做染料，
在染坊里给布上色，
然后把染色的布匹挑到沱江边漂洗。
14 岁那年，同乡沈从文刚开始外出从军，
黄永玉刚开始发表作品，而刘贡鑫已经独当一面，
在沱江边独立开起一家新染坊。
20 多岁，沈从文开始用文字抒写湘西成为名作家，
黄永玉用绘画描绘湘西成为名画家，
而刘贡鑫依然是一个染匠。
但他因为染布名气和脾气都大得了“刘大炮”之名，
成为凤凰最有名的染匠，
以至于人们慢慢只记得刘大炮的名号而忘记了他真实的名字。
虽然没能像同乡沈从文和黄永玉那样名动天下，
但是刘大炮却拥有了一个染布匠人最高的荣耀。

∧ 仇庆年展示自己制作的国画颜料套装

> 冲洗干净的孔雀石

石黄粉蘸水一抹，字迹就没有了，成语“信口雌黄”便来源于此……

台上的师者讲得兴致勃勃，台下的听者却将信将疑。这些石头虽然颜色各异，但却斑驳暗淡，很难和国画上雅致而绚丽的色彩联系在一起。仇庆年看我们听起来没反应，便指了指另一长桌上摆满的一个个小纸包。每个纸包上都用小楷写了几行不同的繁体红字：“蛤粉、漂淨、叁克，蘇州慶年堂”“頭青、特級、叁克，蘇州慶年堂”“硃膘、漂淨、叁克，蘇州慶年堂”……

每一个小纸包上面的书写，都有名堂：正中央的“蛤粉”“頭青”“硃膘”，是颜料的类型；右上角的“漂淨”“特級”之类，是颜料的等级；而右下角的“叁克”，则是统一的重量；左下角写的“蘇州慶年堂”，则是手艺人的堂号，以便于出现质量问题时溯源。

上百个纸包整齐地摆放在桌面上，让桌面看起来像一个微缩的中药铺，仇庆年直言自己就是“国画药掌柜”，只要国画颜料这味药纯正，国画就不会出现问题。但如今，庆年堂依旧在，国画界许多人的理念却出现了大问题。

“我每做一次颜料，周期通常要一个多月，一次也只能产出几百克，顶多也就能产出这一桌。我和画家说，我这个是天然颜料，能保持千年不褪色。但现在画画、买画的，对国画颜料都不讲究，绝大部分国画用的都是化工颜料，用那些颜料作画过几十年没问题，但上百年、千年之后呢？作画者、买画者如果只在乎国画颜色美在当下，不考虑颜色的‘保鲜’问题，那几百年后，

丘街道的办事大厅，前几年街道看我的作坊难以为继，就腾空了二楼的空间，免费让我开了这家国画颜料工作室。”说着，他从柜台上取出一份类似银行理财宣传册的小册子递给我。那是关于国画颜料制作的简介。原来，街道把仇庆年的工作室当成了传统文化宣传基地，每年都会定期组织街道辖区内各中小学校学生来此接受传统文化熏陶。

二楼有一间 100 多平方米的房间，房间很空荡，中间是几张长桌和板凳，地上摆了些制作国画颜料的工具，靠里的墙上还挂着一块黑板——这里与其说是仇庆年的工作室，不如说是一间教室。

仇庆年示意我在长桌边的板凳上坐下，自己拿着粉笔站上了讲台。讲桌上放着几块颜色各异的石头，仇庆年站在石头前一脸陶醉，就像寻宝人在展示自己发现的宝贝。

仇庆年说，国画颜料虽然也会用一些动植物做原料，但绝大部分原料都取自各种矿物，因而国画颜料又被称为矿物原料。他指着一堆矿石，像地质学者一样向来访者介绍它们的用途：这块绿色的晶石是孔雀石，用来画绿孔雀和翠鸟的羽毛最好不过；这一块是朱砂，一般用来抄佛经或者做印泥，有辟邪的功效；这一块是赭石，学名叫赤铁矿，在仕女画中用得最多，用来画腮红和红唇最好；这一块名叫石黄，是一种雄黄和雌黄的伴生矿，是古时的“涂改液”，写字时写错了，用

∧ 磨成粉的石黄

> 仇庆年在制作朱砂印泥

草木染原本是利用植物的根、茎、叶、皮来给纺织品染色的一种最普通、最传统的民间印染工艺。古汉语中的“缬”，意思是在丝织品上染制出图案花样。中国的传统印染有“四缬”：夹缬、蜡缬、绞缬和灰缬，也就是今天所说的夹染、蜡染、扎染和蓝白印花工艺。

凤凰地处汉族、苗族、土家族交融混居处，因而自古便是民族文化汇聚之地。不同民族文化的交融带来了草木染技艺的碰撞，湘西山地丰富的植物资源为草木染提供了丰富的染料。沱江穿城而过，既给草木染提供了染布必需的丰富水源，又为布匹运输提供了便利，因而凤凰自古以来便是草木染兴盛之所。

在经过多年苦练，并和同城的染布匠切磋无敌手后，刘大炮也像同乡沈从文和黄永玉一样，从沱江边的码头登船，或沿沱江上溯到贵州、四川，或顺江而下抵沅水、过洞庭到湖北，几十年下来，游遍湘西周边四省。他像武侠小说中的侠客收集武林秘籍般，收集到印花布图案 100 多款，印花布雕版 300 多张。通过研究收集来的图案，刘大炮慢慢融合百家之长，从湘西的染布世家成为全国草木染界“百无禁忌”的顶尖高手。

> 刘大炮染坊的字号也是黄永玉题写的

故事讲完，刘大炮拿出一张纸片，指着上面的电话号码说，要演示蓝印花布的话，得找他的儿子刘新建。因为自己年事已高，不染蓝印花布好多年了。蓝印花布如今销量不好，儿子也不经常生产，很多工艺要演示的话，得提前准备。

我们当着刘大炮的面拨通了刘新建的电话。电话接通后，刘新建不问我们是谁，只问是谁要我们打电话的。当得知是刘大炮授权时，只说了一声："成，明天上午 9 点半！"得知儿子同意演示后，刘大炮就开始围炉看电视，不再理会我们。

第二天，我们在约定的时间抵达染坊时，一位西装革履的中年人正拿着两张镂空黄纸版从楼梯间下来，他便是老染坊草木染第六代传人刘新建。

< 雕版工具

∨ 刘新建在清洗蜡染布

< 刘大炮拿着自家制作的蓝靛染料准备染布

刘新建手上拿的黄纸版便是蓝印花布印版，纸版上的镂空图案则是蓝印花布上的白花。雕版是蓝印花布工艺中的第一道工序。做雕版时，先用七层牛皮纸叠加在一起涂抹上桐油，待桐油风干后将设计好的花样画在纸版上。然后用锉刀在纸上镂空。“蓝印花布的图案通常都是对称的，你只要画四分之一大的花样，然后其他的部分照葫芦画瓢就行了！”刘新建拿着一张两尺见方的雕版比画：像这样大的雕版只是蓝印花布雕版中的中号，要雕这样的版，熟练的雕工最少也得花一周时间。因而刘新建今天没工夫演示雕版工艺，而是拿了一张老版演示，这是他父亲在20世纪80年代云游时，从湘西三山镇一家倒闭的染坊里收集来的。

“做完这次演示，这张雕版就要退休了，因为牛皮纸不耐磨，一张版通常印十张花布就要作废了！”刘建新对着清晨的光线检查了镂空的雕版后，在案板上平铺了一层白布，把雕版平铺在白布上。然后从案板底下拿出一只桶，用木勺子舀出桶里白色的“面团”倒在雕版上。白色的“面团”被称作防染浆，是由细石灰和大豆粉混合而成，用来填充雕版镂空的。

刘新建用一块木刮板像糊墙一般把防染浆在雕版上来回刮动，直到防染浆完全把雕版的镂空填充满，整个雕版成为一个平面：“这一步叫刮浆，刮浆完成后，待染色的准备工作就完成了。接下来要上演重头戏染色了！”

刘新建走到水泥池边，掀开水泥池上的石棉瓦，一股腐烂味立马充斥了整个天井。刘新建挽起衣袖在蓝色的池水中搅动了几下，用一只手舀起蓝色的染料把手指分开，之后点了点头。

“嗯，可以入染了！”刘大炮不知何时站到刘新建身后，看了看儿子手指上残存的蓝靛，点了点头。

听到父亲的“旨意”，刘新建奔回房间，把案板上刮好浆的雕版掀开。案板上的白布上防染浆组合成一幅和雕版上的镂空一模一样的图案。只不过镂空是阴纹，而白布上是阳纹。儿子拿着印有白花的白布走过来，父亲也没闲着，他拎起一只木棍在水池里搅动，随着木棍搅动，池中蓝靛开始翻滚，一股更强的腐烂味道扑面而来。

“搅缸时，味道的确挺难闻，不过不要担

心，这蓝靛是完全无毒的，它由板蓝根、碱、石灰组成。别小看这一池水，它可是蓝印花布的‘碱骨灰肉’，没有它，我们染匠就会巧妇难为无米之炊了！”在刘大炮搅缸时，刘新建拿着一块印有白花的白布大步走到染缸前。刘大炮见状退后，刘新建站上水池边的案台，双手把白布浸入池水中。

“这一步，学名叫入染，因为防染浆把有白花的地方占了，蓝靛进不去，所以就形成了蓝印花布的白花。没防染浆的地方，被蓝靛入染，就形成蓝印花布的蓝底了。”刘新建在水池边入染，刘大炮在儿子背后讲解，“为了让布全部入色，往往要反复浸染四五次才行！”

一块蓝印花布染完，用了大约半个小时。刘新建又从房间里拿出了一块白布，刘大炮用一双铜铃般的眼睛瞪着儿子。

“这一块是蜡染，人家要看的是整个草木染，我当然得把蜡染展示给人家看了！”刘新建不和父亲对视，把一块蜡染的白布展示在我们眼前。草木染三大种类——蓝印花布、蜡染和扎染——工艺都大同小异。不同的地方，就是防染浆不同：蓝印花布是用豆浆和石灰；蜡染是用蜡，用蜡画的地方是白色，不沾蜡的地方成蓝底；而扎染则是用一根绳子，被绳子捆紧的地方是白花，其他地方是蓝底。

当蓝印花布和蜡染两块布都染好色后，父子俩一人拿一块走到水池边的空地上。刘大炮把蓝印花布浸入装满冷水的水盆中漂洗，蓝印

花布入盆，清水立马变蓝；而刘新建则把蜡染放进一个木桶中，从厨房拎出一壶开水倒入，一层白花花的蜡浮出水面。父子俩整个过程相对无言，经过十多分钟的漂洗后，蓝印花布和蜡染布终于都新鲜出炉了。父子俩一前一后走上三楼，把两块布分别晾在三楼室内的竹竿上。待布晾干，蓝白相间的草木染手工布就完成了。

∧ 去蜡时需要一遍遍漂洗

> 凤凰古镇还保留有不少传统手工艺

∨ 刘新建把印染好的蜡染布放进开水里去蜡

看着布匹晾上竹竿，父子俩就开始对着两块晾晒着的布匹发呆。两块印花布只占据了一根竹竿的三分之一长，而晾房里有四五根竹竿。从竹竿的长度和摆放的密度依稀可想见这老染坊的辉煌，竹竿上灰尘的厚度则反映了凤凰草木染的现状。

“草木染土布曾经是湘西人居家必备的，如今早就没人穿了，也没人穿得起了。”刘大炮走进晾房旁边的房间，这房间里摆放着几只木质的老式衣柜。刘大炮打开衣柜，衣柜中塞满了各式印花布。

“现在的人嫌蓝印花布太重、颜色太单一，就连我们湘西人也不拿它来做衣裳了。但我就不信了，我们家六代人做蓝印花布，我自己也做了 70 年，这祖传的老布就没人要了？没人要，我就自己做出来，放进自家柜子里留给我儿子！”刘大炮说着瞪了儿子一眼，发现刘新建正在偷笑，于是立即转变语调，“儿子嫌弃，那我就传给我孙子。我就不信，就连沈老、黄老、张仃教授都当成宝贝的东西，会没有人要！”

听到刘大炮开始“放炮”，刘新建连忙说：“我要，沈老给您写的对联、黄老给您画的画，还有张仃教授给您题的词，我全要。”刘新建边说，边把今天印蓝印花布的雕版用夹子夹好，晾在竹竿上。

“其他的你别想了，这些花样、雕版传给你，你可别再给我弄坏了！”刘大炮看着儿子正在晾晒牛皮纸雕版，疾速走到晾房的角落处。角落里是一个木质的架子，外表就像个百叶窗，每个小隔间都像个大而浅的抽屉。刘大炮抽出一个抽屉，里边有一张镂空的黄色牛皮纸——这个花样架，是刘大炮的一生之收藏。

曾几何时，蓝印花布是民间最常见的手工布，江苏南通、湖北天门、山东潍坊，甚至在东北三省都能见到它的身影。但是随着数码印花的发展和人们审美品位的改变，蓝印花布，甚至整个草木染都淡出了人们的视线。刘大炮年轻时，为了提高染布技艺而云游各地收集花

< 刘大炮在自家的染缸前仔细观察刚染好的蜡染布

样。再到后来，染坊慢慢消失，已成为整个草木染“最工者”的刘大炮，开始抢救性搜集花样。

年轻时，虽然草木染就开始慢慢衰落，但是老染坊还有迹可寻，老染匠人都或多或少还会留着一些花样。随着时间流逝，老染坊连遗址都找不到了，老染匠们也慢慢去世，花样找起来就越来越难了。如今，刘大炮手上的花样大多成了孤版，但是自己花几十年收藏的“草木染样本库”却险遭灭顶之灾——2014 年夏天，凤凰城连降暴雨。众人只知道洪水冲毁了凤凰的风雨桥，却鲜有人知，连日暴雨也让刘大炮在一楼零乱摆放的花样霉烂无数。好在刘新建机灵，做了这样一个花样百叶箱，从此刘大炮大半生收藏的花样终于有了一个“现代化”的“样本库”。

“最工者愁”，是曾任原中央工艺美术学院院长的张仃教授到凤凰拜访刘大炮时给他的题词，但这四个字却成了刘大炮的紧箍咒。“要我父亲来愁整个蓝印花布的未来，有用吗？在自家做了六代的老染坊里染色，在沱江里漂洗都变成非法的了，无毒的草木染作坊居然成了污染企业，‘最工者’当然愁了！”刘新建不但继承了父亲的染布技艺，也继承了父亲“大炮”的个性。

如今，刘大炮已经不过问草木染的“江湖事”。凤凰有所学校开了个“非遗”班，刘新建每周去上几天课。现在家里的草木染作坊很少开工，但是学校却每天上课，自己的事业也算得到了延续，但是从一个染匠到教书匠的转变有点太大了。对凤凰草木染的老手艺人来说，他们需要的是艺不离手，但是如今，手艺却变成了“纸上谈兵”。

后来，凤凰古镇上建起了多家草木染作坊，也开起了草木染店铺。这些家草木染店铺的主人很多都是艺术院校的毕业生，他们有着全新的理念，有很强的绘画功底和新颖的设计理念。很多游客在游凤凰古镇时，总会把草木染店当成一种风景来看。店铺中有工艺展示，游客甚至还能亲自体验，然后在微博、微信上展示一下工艺，于是店铺的名字就被记住了，客户也就流入了。

而凤凰老街上，草木染“最工者”却在草木染风起时失落了老染坊。

“CHINA”是中国的英文名称，
它的另一个意思是“瓷器”。
中国的瓷器曾经名扬世界，
但是站在现代瓷艺之巅的却不是中国，
而是曾经以中国为师的日本。
1904年，抱着实业救国梦想的清代官员熊希龄
（后任北洋政府总理）考察日本，
以日本为师改造的首选物品竟是瓷器，
于是曾经只产粗瓷的醴陵诞生了全新的瓷种——釉下五彩瓷。
醴陵釉下五彩瓷甫一出世，
就以“白如玉、明如镜、薄如纸、声如磬”的特质名扬海内外，
为醴陵赢得“瓷都”之誉。
尔后，“毛瓷”更为其博得“红色官窑”之名。
而醴陵瓷器市场上熙来攘往的瓷商，
以一元一个甚至更低的价格把数以亿计的日用瓷运往世界各地——
醴陵瓷游走在高贵与普通之间。

以『红色官窑』之名

车子开进了一个旧式的老厂房，“陆如轩”茶馆的主人谢夑瑜朝厂内一位中年人挥手。我看到前方的楼房上拉了一个横幅，写着几个字“醴陵花纸厂”。

“这是省陶瓷研究所的易广平！”谢夑瑜这一引荐让我更迷糊了，我到底身在何处？

“这里是湖南省陶瓷研究所，也是花纸厂，他们租用了我们所的地点办公。”通过易广平的解释，我才得知醴陵有两大支柱产业，分别是醴陵瓷和花炮。醴陵是花炮之都，而且在很长时间内都是花炮行业的老大哥，只是近十几

醴陵陶瓷研究所烧制的最大瓷器：一对两米多高的釉下五彩花瓶

年才被浏阳超过而变成业界第二。而醴陵，自从 1949 年以后，就一直是仅次于景德镇的“第二瓷都”。一个小小的县级市，就有两门产业名列全国第二，但这两门产业，一般人都只知其一，不知其二。

“你可不要看这地方不起眼，这可继承了醴陵釉下五彩最纯正的血统！”谢燮瑜说，这儿，便是 1906 年熊希龄成立的湖南瓷业公司和湖南瓷业学堂的后身。自熊希龄而始的醴陵釉下五彩瓷走的是高端路线，在经历过短暂的辉煌后，最终在 1930 年彻底停产。因为毛泽东对醴陵瓷器偏爱，所以在 1955 年，湖南瓷业公司和湖南瓷业学堂改组为湖南省陶瓷研究所。已沉寂了 25 年的醴陵瓷迎来了第二春——红色官窑时代。

易广平把我们领进一栋大楼参观研究所的精品展示馆。在走进楼梯间时，他向门口挥了挥手：“兄弟们，好久不见！”不等人回答，他便三步并做两步上楼。当他身影闪开后，我才看清他打招呼的对象—— 一对高两米多的釉下五彩花瓶，像门卫一般立在楼道口。

“醴陵釉下五彩是红色官窑，那这一对大家伙得值多少钱？”我被这对大家伙给震撼了，“最起码要上万块吧，居然放垃圾桶一般放在门口，太暴殄天物了吧！”

“你也太小看红色官窑这招牌了。这对花瓶是省陶瓷研究所烧制的最大瓷器，也仅生产过这一对。每只最少值一套房子吧！北京，三环内。”谢燮瑜轻描淡写说了一句后，提示我赶紧上楼去看精品馆中真正的宝贝。那里的作品，都是大师级的，而且每位大师一辈子就出了那么一两件！

在三楼，署名邓文科、熊声贵等大师级人物的观赏瓷摆满了偌大的陈列馆，但最珍贵的却不是这些署了大师名的观赏瓷，而是邻室内无署名的日用瓷——釉下彩茶花鱼盘、芙蓉花牙盒、梅花菜碗、梅竹调味壶——它们就是传说中的“毛瓷”，一种供中南海的特供瓷。

醴陵生产的“毛瓷”，主要由湖南省瓷器

研究所研发，由群力瓷厂负责生产。两厂总共研发、生产精品“毛瓷”1 500多件。如今，这些“毛瓷”绝大多数陈列在各大博物馆，收藏于民间的不足200件，因而在拍卖市场每出现一件都会引起疯抢。2013年，一套五件釉下五彩“毛瓷”碗就曾拍出800万元的高价。

参观完精品陈列馆，易广平把我们带到陶瓷研究所的车间，这里呈现出完全不同的景象。

两座厂房间已经长起齐膝高的草，甚至在野草间，还蔓延着几根南瓜藤，瓜藤上还有几

∧ 醴陵瓷器市场上价格低廉的日用瓷

只挂着花蒂长势正好的南瓜。“别急，慢慢长，等我两个月后再来时把你们抱走！”易广平跨过南瓜藤，打开生锈的锁，推开了斑驳的大门示意我和摄影师进去，他和谢燮瑜两位老瓷人则蹲在门口的花坛上抽烟。都说看英雄末路、美人迟暮是最残忍的事情，而今天因为要配合我寻访醴陵瓷，他们不得不来重睹国营醴陵瓷厂的黄昏。

我们走进的是一个模具车间，上千平方米的车间被水泥墙分隔成一个个三四平方米的小隔间。每个隔间都立着大大小小各式各样的白色模具，一时让人有种错觉，仿佛来到了秦始皇陵兵马俑坑。这些形形色色的模具，有的出产过邓文科大师的作品，有的出产过大名鼎鼎的“毛瓷”，有的只生产过寻常百姓家日用的粗瓷。但是如今，它们都被随意堆在车间里，经年累月不会有人来探望。

湖南陶瓷研究所在鼎盛时期，曾经有四五百人，这里不从事瓷器的大规模生产，只从事瓷器的研发工作。以前，往往是湖南瓷器研究所研发出新的瓷器，然后交由群力、国光等大型国营瓷器厂生产。仅群力一个厂，就曾经有员工 10 000 多人。计划经济时代结束后，这些大大小小的国营瓷器厂纷纷倒闭，湖南陶瓷研究所这样的醴陵瓷发轫兼中兴之地，最终被三分：一份花纸厂，一份私人瓷，还留一份延续瓷器研发。

< 醴陵瓷研究所废弃车间的模具

> 瓷人彩绘的场景是一幅绝美的画面

小民窑里 分水忙

身为国家级非物质文化遗产的醴陵釉下五彩瓷有几十道工序，但是却有一个很奇怪的现象：全部非物质文化遗产传承人都来自彩绘这一道工序。因为醴陵瓷的其他工序和其他地方的瓷器类似，从练泥到拉坯再到烧制都大同小异，唯有釉下五彩是醴陵瓷扬名立万的绝技，而彩绘决定了釉下五彩的成败。

谢燮瑜在收藏醴陵釉下五彩以藏养藏多年后，终于按捺不住，自己冲到了一线，和朋友张皓翔合资开办了一家釉下五彩瓷厂，以产养藏。

在瓷厂的彩绘车间，我们终于见识了醴陵釉下五彩瓷瓷釉下五彩

< 画瓷

> 勾线

之秘：彩绘车间十来平方米的空间内，正中央摆着一张很大的工作台。四五个彩绘师，或坐、或站、或弓着身子，每个人或抱着一个长约半身高的花瓶，或手握一个小碗。有的人在白色的瓷瓶上用细笔勾勒，有的人在勾勒好图案的碗表面填颜料。

见到有人进来，一位身着黑衣盘着头发正在勾勒瓷瓶的美女点头示意后，画笔也未放下，又开始勾勒她的瓷瓶了。在我们印象中，做陶瓷的匠人都应该灰头土脸一副矿工模样。但是黑衣美女散发出的气场，

让人第一次感觉瓷艺原来可以如此之酷。黑衣美女名叫易刚丽，虽说年纪轻轻，但已经是湖南省级工艺美术师了。

醴陵釉下五彩瓷精品都是由手工施彩的，而手工施彩又分为彩绘和分水两种。彩绘，就是通过画笔用勾、皴、擦、点、染的方法在素胎上施彩，说白了就是以素胎为纸作画；分水，则是先用油墨在素胎上勾勒好线条，然后在墨线框内滴入含有大量水分的颜料。

“分水的载体，是经过700摄氏度高温初次焙烧的素胎。素胎有一定的吸水性，当颜料滴在素胎表面上时会慢慢向四周扩散。为了防止

∧ 易刚丽指导徒弟画瓷

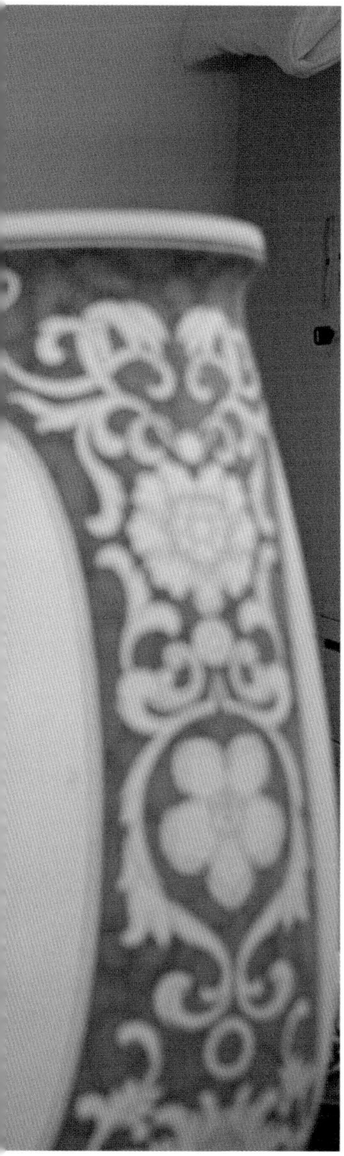

颜料之间发生渗晕，就要在不同的色块之间用油墨勾勒出界线，所以先素描勾勒出来的线条，就起到了‘水坝’的作用，锁住水颜料。”易刚丽一边用细毛笔在素胎上勾勒图案，一边解释分水工艺。

她旁边的女徒弟正抱着一个梅瓶开始分水。只见她首先拿起一支蘸有灰色颜料的毛笔往树干部分施灰色，然后又拿起一支蘸有红色颜料的毛笔给梅花施红色……梅瓶下有十来种颜色的颜料，每种颜料里放着一支施色的毛笔。

“不是说醴陵瓷是釉下五彩吗？怎么眼前的色彩有十几种？”我下意识地问了句外行话。

“1907 年，湖南瓷业学堂研制出黑、蓝、红、褐、绿五种高火釉下彩颜料，醴陵从此烧制出名扬天下的釉下五彩瓷。但是技术在不断改进，釉下彩颜料也已经由最初的五种发展到现在的几十种，几乎涵盖所有色系！现在依然沿用釉下五彩瓷之名，五，只是概数而已！”易刚丽在给我讲解时，她的女徒弟已经把瓷器分水完毕，抱着瓷瓶朝施釉车间走去。

她把施好彩的花瓶在架子上轻轻放好，等待颜料风干。此时，架子上已经摆好了上百个大大小小的花瓶，不时有工人师傅走过来拿走已经风干的花瓶开始施釉。

所谓施釉，就是在施好颜料的坯胎上镀一层保护膜。大的花瓶，采用喷枪喷釉。而小的物件，则将其浸入装满釉液的容器中浸釉。施完釉后，整个花瓶又回复到分水之前的素颜状态。

工人师傅搬起施完釉风干后的坯胎，放在轨道车上。轨道车放满上、下两层坯胎后，师傅把轨道车推进窑中，拧开阀：“是龙是鱼，1 380 摄氏度的高温里憋一天后就见分晓。”每次坯胎进窑、出窑前，所有彩绘师都会守在气窑前。对他们来说，这些坯胎就是他们的孩子，而釉烧则是进京赶考。

∧ 醴陵瓷分水工艺

∨ 勾墨线

最后的窑口

『五十窑前』

谢燮瑜的民窑虽小，却已经是现代化的企业，这与我们想见的传统醴陵釉下五彩瓷窑还有一些距离。因为手工拉坯、柴窑釉烧、家庭作坊这样原汁原味的釉下五彩瓷窑我们还没见到。

当车从群山中开出，进入一个小村庄时，谢燮瑜把车放慢，指着窗外一个巨大的烟囱说：“这儿曾经是一处釉下五彩瓷厂，我父亲在此处做过多年的瓷厂厂长，我小时经常跟着家里人‘上山下乡’。山上乡下唯一可玩的便是醴陵瓷，所以，我和醴陵瓷的故事就是从那里开始的。”

在谢夫人的茶馆见过精美的釉下五彩瓷茶器，又在谢燮瑜创办的瓷厂看过现代化的生产车间，更重要的是在醴陵瓷博物馆看过价值千金的“毛瓷”，我却不敢相信醴陵瓷曾经就是在眼前烟囱两三根、砖房八九间、好似砖瓦厂的厂房内生产出来的。更何况，像这样竖着烟囱的山间废弃厂房，每隔十几分钟就会撞见一处。如果它们都是醴陵瓷生产厂的话，那醴陵瓷的产量得有多大？

坐在一旁的老师傅游绍纬捕捉到我眼神中的疑惑，连忙解释：“这地方名为‘枫林市镇’，以前名为‘五十窑前’。因为这里曾有五十座窑口，是醴陵瓷窑口最集中的地方。最初，烧

∧ 付建文与他的窑

制醴陵瓷主要使用柴窑。此地四面环山，有大量木柴可做燃料，因而烧瓷业发达。我十几年前来这儿，路两边到处都是卖瓷器的！后来窑口改为煤窑、油窑、气窑，这地方因为交通不便，窑口就逐渐废弃了。”瓷城的变迁从地名的变更中可见一斑。

车辆在群山中绕过一个弯后，山谷中露出一块小盆地，盆地中是一大块水稻田，老乡们用镰刀收割水稻后，一把把抱起稻穗放在木质的原始脱粒机里脱粒。

“村里10年前就没人卖瓷器了，现在就我家这一座窑了！”40岁左右的柴窑作坊主站在一个巨大的柴垛前，和刚出车门的游绍纬说了第一句话。作坊主人名叫付新艺，游绍纬20多年前来这里收瓷器时认识了他的父亲付建文。那时枫林市镇虽然路边到处是卖瓷人，但是家庭作坊已经慢慢开始没落，付建文做的五彩瓷工艺扎实，付家又是制瓷世家，因而其制

/\ 枫林制瓷就剩这最后一座制作醴陵瓷的柴窑了

作的瓷器深得游绍纬这样的“瓷贩”喜爱。

“我那时一直鼓励你父亲把手艺传给儿子，看来你是得真传了，但没想到整个枫林市镇制瓷就你一家了！”游绍纬顺着柴垛往后山走，在山边的一座红砖窑前见到了正在整理窑口的付建文。窑是用红砖砌成的，有2米多高，五六米长。这窑不是“五十窑前”的50座窑中的任何一座，因为这窑才建起来十几年，但却是整个村庄仅存的一座窑。

“家里祖传的老窑，不知道是什么时候建的，十几年前盖新房时被我拆掉了，后来我在外打了几年工，还是觉得自己在家烧点瓷自在，又把这柴窑建起来了。”付建文今年60多岁，是中国农民工中最先告老还乡的一代。20多年前，他们南下广东打工，“五十窑前”的窑口开始凋零。还好，老人“贪图”自在，“五十窑前”最后的窑口得以重开。

∧ 手工拉坯

闲来酿酒、烧瓷卖

付建文一边整理柴窑旁边的木柴一边自言自语："看来烧一次窑的柴都不够了，明天得再上山砍柴了！"

我看了靠墙边的柴垛，齐腰高的柴垛堆了半面墙："这么多柴火都不够？烧一窑瓷得用多少柴啊？"

"少则 5 000 斤，多则 8 000 斤，得一刻不停地烧两天两夜呢！"付建文说着揉了揉布满血丝的眼睛。昨天刚出过窑，老人家时刻守护在窑边两天两夜没合眼，窑上的红砖上放满了八宝粥罐子，这便是老人家两天的口粮。

手工拉坯是一件力气活，付建文早已拉不动了。他从窑洞边回到屋内，吩咐儿子付新艺来做。拉坯作坊在二楼，要进入拉坯作坊得穿过一楼的堂屋。一进堂屋，就闻到满屋子的酒香——屋里摆了七八口大水缸，每一口大水缸都用塑料薄膜盖着，里面都放满了酒糟。原来，付建文在农忙之余，不仅烧五彩瓷，也酿点儿粮食酒来卖。

"干农活打的粮食不够吃，烧瓷也不是正业，就闲时酿点儿酒卖卖

贴补家用。”所有人都上楼看付新艺手工拉坯，付建文忙完窑又在堂屋照看自己的谷酒了。

二楼的堂屋中，付新艺正光着脚在一团泥上使劲踩，他现在正在练泥。这些泥，都是他和父亲从远处的山上一担一担挑下来的。

泥练熟后，他双手捧起熟泥放在一个圆木板上。这时付新艺的妻子从屋里走出来，蹲在圆木板前，双手均匀转动圆木板。付新艺则一只手插入泥中，另一只手扶着泥坯，随着木板转动，不断有泥块从他双手间飞溅出来。才十几分钟工夫，泥堆隐去，花瓶雏形在木板上显现出来。

∧ 付建文一家的合影

付新艺的泥坯拉完，付建文也上楼来。他双手捧着一炷香，毕恭毕敬地朝堂屋中堂神龛三作揖后，把香插在中堂的神龛上，神龛上供奉着醴陵瓷的业神樊公。

“樊公是广东人，他来到我们醴陵谋生，把制瓷的手艺传授给了我们醴陵人，所以我们醴陵的瓷人每次制瓷前都要向樊公敬香！对吧？”付建文说这话时，向谢夔瑜和游绍纬询问。两位现代醴陵瓷人看到眼前这位老人说出这古董级的话后面面相觑，不停点头——敬业祖的传统，在现代瓷人中已消失半个世纪了，没想到在这儿遗风尚存。

穿的是豪华绚烂的京剧行头，
秀的是仪态万方的昆曲身段，
《贵妃醉酒》《游园惊梦》《霸王别姬》《醉打山门》……
你能想到的戏曲中最美的时刻，
都在此处定格。
你以为这是梨园子弟在开选秀大会，
你竖起耳朵，试图从唱腔中分辨梅兰芳和俞振飞，
但是你却发现，
震动鼓膜的不是西皮、二黄的声响，
也不是缠绵悠远的水磨腔，
而是此起彼伏的叫卖声和嘈杂的人声。
这里是无锡惠山古镇，
你看到的是惠山泥人，
感受到的是由泥人艺术而产生的遐想。

打泥：祠堂门缝中飘出的绝响

惠山古镇地处无锡西郊，是无锡地名“无锡锡山山无锡”的发源地。古镇虽小，却西依惠山，北傍京杭大运河，自古以来就是物阜民丰之地。惠山古镇最让人叹为观止的是祠堂，一个方圆几里的小镇，历代祠堂建筑和重要遗迹竟有118处之多。“祠堂多”是游客对惠山古镇的最深印象。

古镇一隅有一座赫赫有名的中国泥人博物馆。看到对泥人的介绍后方才得知，惠山的泥人作坊和祠堂本是连体的——惠山泥人全盛时，惠山古镇有全国赫赫有名的“泥人一条街”，大

∨ 制作惠山泥人的工具

生动形象的惠山泥人

大小小的泥人店面、作坊有120家之多，祠堂118家，每个祠堂背后必定隐藏着一个泥人作坊。

惠山泥人大师王南仙依稀记得儿时的情景：每天清晨，东方才泛白，祠堂看门人就已经早早出门，推着板车到惠山北坡的水稻田中，装满被苏东坡赞为“惠泉山下土如濡”的惠山“磁泥”。

板车被推进祠堂后，看门人就化身打泥匠，抡起大木槌在青石板上敲打黑泥。惠山泥人不像其他泥塑，要依靠焙烧增加硬度。支撑起惠山泥人筋骨的，是泥土本身的磁性与韧劲。而打泥，就是激发泥土磁性与韧劲的过程。泥匠打泥就如同铁匠炼剑时打铁。在经过千锤百炼后，松散的泥土就变成了搓而不纹、折而不断、干而不裂的泥坯。

叮叮咚咚的打泥声从大小祠堂门缝中飘出，汇成了古镇的乐曲。大人掩着门用大木槌在祠堂里打泥，小孩收集了散落在街上的泥土后，抡起自制的小木槌在青石板上模仿，于是惠山泥人技艺就从打泥开始，在这槌起槌落间延续了下来。父子相继、师徒相传，通过不断总结和提高，惠山泥人最终从祠堂看门人打发时间的小把戏和市井百姓贴补家用的小营生，发展成为闻名天下的文化遗产。

素有“江南第一山”之称的惠山是文人墨客游江南必到的景点，和古镇擦肩的京杭大运河更是南北交通的大动脉。无论是登惠山赏景，还是驾扁舟从运河路过，绵延数千米，经数百载不绝的打泥声都是令人印象颇深的奇观。于是久而久之，惠山泥人打泥声就通过惠山和运河发散，成为惠山古镇的形象代言。

但是如今，在古镇上空回荡了数百年的打泥声正面临销声匿迹的危险。曾经人丁兴旺的祠堂已经门前冷落车马稀，祠堂看门人这一惠山特色的职业在1949年后就已经消失，整个惠山古镇，除了惠山泥人厂，已经找不到几家像样的泥人作坊。再加上经过数百年的开采，惠山北坡适合制作泥人的黑土越来越少，即使地底还有黑土留存，但是在凶猛的城市化进程中，惠山周围已经找不到一片涵养“磁泥”的水稻田。

好在工业化也带来了“红利”：随着惠山泥人形成产业链，已经有专门的厂家用机器配制、生产惠山泥。机械化生产的新型泥土，免除了泥人艺人采泥、打泥之苦，但是也让真正的泥人业师失去了练泥之乐。

对于老一辈的泥人业师来说，打泥是惠山泥人不可或缺的一道工序。被誉为“双生花”的惠山泥人代表人物喻湘涟和王南仙，虽然已经70多岁高龄，却依然几十年如一日，坚持在古镇一隅的惠山泥人厂抡着大木槌手工打泥。他们知道，这一古老的工序被机械搅拌代替是不可避免的趋势，但是只要自己还在做泥人，还能抡木槌，就绝不会让打泥声成为绝响。

惠山泥人的作品形式多样，除了比较常见的福娃，还有很多取自戏曲作品的人物形象

捏泥：指尖上的市井梨园

惠山泥人有两个品种。一类是“粗货”，也称“耍货”，这是一种造型简单、用笔粗放的商品，通常用模具印坯、手工绘彩，表现的多为喜庆吉祥题材，如大阿福、老寿星等，主要面向普通民众。另一类是“细货”，也叫“手捏戏文”，多取材于京剧、昆曲中的场景，是用纯手工精心捏制、绘彩而成的工艺品，因人物生动、造型精美而深受文人、票友喜爱。

为了申报世界文化遗产，惠山古镇进行了大规模的修复。修复后的古镇，原住居民全部搬离，昔日的泥人作坊已经人去楼空。

周末，惠山古镇挤满了天南海北的游客，很多人来惠山，只是慕泥人之名。但是很遗憾，中国泥人博物馆在周末闭门谢客。我们寻遍古镇，却只找到零星几家卖“粗货”的泥人商店，能“手捏戏文”的泥人作坊不见踪影。最终，在询问古镇管理人员后，才在一个偏僻的小巷找到一家名为“缘泥坊”的泥人作坊。作坊的主人是一对年轻的

∧ 惠山当地的生泥，放在石板上经过反复捶打成熟泥，才可用作捏泥人的材料

夫妻。男主人谈吐儒雅，老板娘外形靓丽，让我迟迟不敢把他们和以祠堂看门人为主业的泥人业师联系在一起。主人倪俊看出我们的疑惑，指了指作坊门口的简介说："人不可貌相，开泥人作坊要胆量。"

上楼后，店主夫妻一边现场演示"手捏戏文"，一边讲解他们和泥人的因缘：工作室以"缘"为名，是为了纪念和惠山泥人的缘分，也为了纪念两人彼此的情缘。2007 年，有关部门第一次面向社会招聘惠山泥人艺人，以改善其青黄不接的状况。惠山泥人是无锡的"三大特产"之一，对泥人的记忆尘封在每个无锡人的记忆里。当得知惠山泥人业的状况后，招聘现场涌进了几百号人。刚刚大学毕业的倪俊和曹志玮也身在其中，最终二人杀出重围，有幸入围七位惠山泥人新一代传承人，成为惠山泥人大师喻湘涟、王南仙、柳成荫的关门弟子。

三位大师皆是年过七旬的国家级工艺美术大师，他们年少时，正值中华人民共和国成立初期，惠山泥人和其他民间工艺美术一样，

处于低谷。惠山古镇上的泥人作坊由鼎盛时期的上百家减少为几家。几位大师被招募进惠山泥人厂，开始对惠山泥人技术进行抢救性保护。倪俊、曹志玮进厂时，惠山泥人的危机比上一次来得更猛烈，所以三位大师对他们毫无保留，把压箱底的绝活都拿了出来。

惠山泥人工艺本无固定之法，但是经过老一辈艺术家的努力，“捏塑十八法”“彩绘七法”“装光四法”等一大批口诀被总结出来。喻湘涟教“捏塑十八法”：印、搓、捺、摘、捏、推、拉、扳、剪、包、镶、拍、

∧ 惠山泥人大师总结的“捏塑十八法”，让年轻一代大大缩短了学艺时间

捋、滚、捋、挑、捻、戳；王南仙授“彩绘七法”：拓、涂、勾、点、掸、晕、刷；柳成荫演示“装光四法”：剪、削、粘、扯。

新一辈传承人学艺要比老一辈业师容易得多。以往的泥人业师要想独当一面，少则五年，多则十载，而倪俊、曹志玮学艺不满三年就已出师。

“总结的口诀是最基本的，人人都听得懂，但是没总结出来的，才是最精粹的。无法用普通话语表达的，师父们都只是在教学过程中用无锡话来‘指点迷津’。”曹志玮说起自己技术精进的秘诀时，一直为自己是土生土长的无锡人而庆幸，如果不是从小就生长在这片土地上，说得一口吴侬软语，她这一辈子就没有机会和惠山泥人“将亲密进行到底”。

惠山泥人最传统的制作方法叫“捏段镶手”，除头部是印制外，其余部分，包括躯干、四肢都是用手捏成。

一张两米长的工作台上，夫妻二人各处一端，正前方放着一块揉好的黑泥；在左手边放着水盂、弓、笃板、格子等工具；右手边放全套“戏文”要用的道具，诸如铁丝、铜丝、竹剑。一切准备就绪后，就可以开始制作了。

首先根据要捏的“戏文”，把泥块用弓弦切成大小不等的泥条，切下的泥条要控制比例，因为有的泥条用来做头，有的做躯干，还有的做手脚或裙摆。如果对人体比例不熟记于心，那么“组装”起来，就会差之毫厘，谬以千里。

手捏泥人的制作过程，总结起来就 12 个字：从下到上，从里到外，分步进行。手捏泥人和制陶、雕塑等“做减法”的艺术不一样，是在“做加法”。头、手、脚、躯干等每一个部位都是分开做，然后拼装起来的。

先用模具印出头部，然后分步捏出手、脚等各个部位。做手时，先捏出手掌，用剪刀剪出手指，再用拍薄的泥皮包袖子。从下到上、由里到外也符合客观规律。从下到上，先把底下基础打好，底下稳了，上面操作起来就容易把握；由里到外，就像人穿衣服一样，先穿里面的，再穿外面的，不可能倒过来做……

手捏泥人是个力气活，最费力的是泥团揉透这道工序。在捏泥人前一个月，要像揉面一样把泥团先揉透，以手推出来没有毛面、捏上去爽手为宜，这火候要自己控制，同样的泥料，因为揉的时间、力道不同，捏出的泥人就会风格迥异。“女孩子因为力气不够，所以和男孩子相比揉出的泥韧性、磁性都有欠缺，艺术性就会打折扣。这和饭店里的大厨都是男的是一个道理。”曹志玮虽然争强好胜，凭着自己的努力，短短几年就从完全没有美术功底的新人一跃成为新一代泥人传承人中的翘楚，但是在和同样优秀的倪俊同场竞技捏“细货”时，也不得不甘拜下风；不过，在生产“粗货”时，面对眼疾手快的曹志玮，倪俊也只能自叹不如。

术业有专攻，捏泥人也一样，以前在惠山泥人厂，无论男女老少，擅长何种工艺，一切为生产服务，这让对泥人有自己想法的倪俊很不适应，最终二人自立门户，在惠山古镇租了一座二层的老屋。一楼店铺，二楼工坊，回归了古时惠山泥人作坊“前店后厂”的模式。曹志玮专攻“粗货”，笔下雕出“浮世绘”；倪俊专攻“细货”，指尖梨园风满袖。

∨ 捏制泥人的头部饰物

倪俊在给泥人进行彩绘

彩绘：决定泥人的格调与品位

一个下午，夫妻俩一个捏出了项羽，一个做出了虞姬，但是把两个泥人放在一起，你定会以为这演的是一出拉郎配，而不是《霸王别姬》。因为，还缺少一个重要的环节——彩绘。俗话说：“人要衣装，佛要金装。”彩绘就是给泥人穿衣装金的过程。捏塑就好比盖房子，决定的是房子的楼层和户型，而彩绘是精装修，决定的是泥人的格调和品位。惠山泥人口诀有“绘七塑三”的说法，足见彩绘之重要。

“大阿福”是惠山泥人“粗货”的代表，最能体现惠山泥人的彩绘风格：红、黄、青、绿等原色对比使用；且在原色上，往往覆盖同种色纹样，有时还勾金银线。这种彩绘风格使惠山泥人形成了强烈的视觉冲击，也是“粗货”能被市井百姓垂青的重要原因。

而“手捏戏文”的彩绘却与“粗货”截然不同。捏“戏文”还特别重视开相：先用粗犷有力的线条，寥寥几笔勾勒出人物的强大气场，再用极简单的笔墨与色彩，刻画人物的个性；在纹样装饰上，“手捏戏文”也别有一番情趣，一根铁丝上面加几个皱褶就成了张飞的丈八蛇矛；火柴上缠绕一根红丝带就成为穆桂英红缨枪上的红缨——无论是装饰还是纹样，都取自生活，这让惠山泥人充满浓郁的生活气息。

一尊黑色的泥人，经过寥寥几笔的彩绘，就画龙生云，画虎生风，让平凡的泥土有了永恒的生命力。曾几何时，泥人是惠山最有生命力的产业：从惠山七家泥人作坊成立“耍货公所”（1890 年）开始，惠山泥人就不再只作为一门手工艺，而是作为一种全新的产业而存在。到 20 世纪 50 年代，惠山相继成立了“惠山泥人联社”与“泥人合作社”。到 1988 年，仅惠山一地，泥人业师总数达 300 人之多。而

> 上色

∨“缘泥坊”的泥人作坊

从那以后，惠山泥人的境况就开始急转直下。祠堂相继关门，泥人业师纷纷转行；戏曲衰落，泥人失去了票友这一最大买主群。日薄西山的产业再也招收不到真正愿意一辈子做泥人的学徒，年过古稀的老一辈业师依然要老骥伏枥，做中流砥柱。

因为对与现实脱节的传统惠山泥人现状感到焦虑，倪俊、曹志玮夫妻才从依然不食人间烟火的惠山泥人厂出走，开了“前店后厂”的“缘泥坊”。为何惠山泥人江河日下？是泥人风骚数百年，至今已觉不新鲜？还是工艺美术进化太快，泥人步伐太蹒跚？

带着一系列的问题，倪俊在“缘泥坊”面向游客开放了惠山泥人“DIY体验”，开始了他的泥人试验：教人用传统的“捏塑十八法”捏出了《愤怒的小鸟》，任别人把惠山磁泥用刻刀刻出了《大卫》，旁边二十几岁的年轻人用师父教的“彩绘七法”让惠山泥人玩“cosplay（变装）”。这些在传统的泥人业师看来，已经“基因突变”，脱离了惠山泥人的范畴，但是倪俊却有不同看法。因为在他看来，喻湘涟、王南仙、柳成荫三位师父传授给自己的泥人技法，已较泥人宗师周阿生的有很大的不同。惠山泥人虽然只是一抔黑土，但是却早已有了自己的生命，一直在进化中。

相比于几位两耳不闻窗外事，一心一意玩泥巴的师父，倪俊和曹志玮在泥人技法上可能还有所欠缺。但夫妻俩却让惠山泥人变得更有人间烟火味：小店“缘泥坊”自2013年在惠山古镇上开张之后，就一直按市场规律运作。

为了靠这门古老的手艺养活自己，夫妻俩挖空了心思：比如在惠山泥人上贴“二维码”，让观众通过“扫码”的方式，把泥人从线下联入线上；带着泥人进课堂，让更多的孩子从小

在记住“同桌的你”的同时，记忆中留下关于惠山泥人的印记……

开张一年后，“缘泥坊”开始盈利，虽然仅能养活自己，但在传统手艺凋零的大背景下，已经是了不起的成绩；几年之后，夫妻俩竟然慢慢成为“网红”，“缘泥坊”甚至成为游客到惠山古镇必去的景点。如今，小小的“缘泥坊”已经容纳不下慕名而来的游客，分店悄然开张。

∧ 惠山泥人新一代传承人倪俊和曹志玮

< 曹志玮不但颜值高，捏泥人手艺也很高超

设计师马可的草木染设计，
在时尚圈掀起了一股“中国风”，
蓝印花布迅速走红。
但这种出自江苏南通的蓝印老布，
就像养育在动物园里的国宝熊猫，
只能保持技艺不失传，却无法批量生产，
无法满足大众的需求，
于是扎染、蜡染等一干与蓝印花布相似的蓝底白花布，
纷纷开始走进人们的视线。
我们抵达丹寨寻访蜡染时，是2015年7月，
陪同我们寻访蜡染的丹寨文化站站长龙震说：
“这两年，陪人参观排倒莫已经成了例行工作。
这个月陪慕名而来者访蜡染，
我已经记不清多少次了！”
国内掀起草木染风潮两年之后，
大家对蓝底白花的草木染的热情非但没有消减，
反而迅速以星火燎原之势蓬勃发展。

丹寨

“蜡花小姐”为蜡染代言

车辆驶出丹寨县城后，行驶了 10 多分钟便来到一座名为扬武的小镇。这是一座平凡的小镇，普通的水泥街道，普通的砖瓦房，就连路上走的姑娘，也没有苗、汉之别，这让一直想捕捉“苗家风韵”的摄影师大为头疼，直到前方缓缓走来一位背着孩子的老妇人。

一根银簪做骨架把盘起的发髻支得高耸入云，一脚碎步摇得满身银饰叮当作响，还有在她背上的绣花背篼里酣睡的萌孩儿，让时空彻底错乱了。“我们难道穿越到明朝了？”摄影师一边咔嚓、咔嚓地定格眼前“最苗家”的风情，一边不敢相信眼前这幅画面。

萌孩儿听到有人讲话，揉揉惺忪睡眼，从绣花篼里探出头，挺起身，露出那身蓝底白花的衣裳。

老妇背着孩子在村里七拐八绕，最终走进了一栋木楼。这栋木楼在一大片砖瓦房中格外显眼，就像这盘着发髻的老妇和那穿着蜡染衣裳的萌孩儿之于镇上的众人一般显眼，仿佛跨一步便转回到几百年前。

这木楼才新开不久，新刷桐油的木板没有经过时间的洗礼，仍然油光锃亮。我们还没有靠近，就远远看见一块巨大的招牌，上面写着：东方第一染。

“踏破铁鞋无觅处，得来全不费工夫。”没想到这么容易就寻到我们今天的寻访对象——国家级非物质文化遗产代表性项目苗族蜡染技艺代表性传承人杨芳。我一边暗自欣喜，一边为设计师马可和国家级非物质文化遗产代表性项目南通蓝印花布印染技艺代表性传承人吴元新鸣不平：凭什么马可做推手推得南通蓝印花布火遍全国，但眼前并不为众人所知的蜡染作坊却“堂而皇之”地以“东方第一染”为名？

我们跨进门槛时，杨芳正坐在堂屋里吃午饭。我表明来意，无意间瞥到了她身旁的相片墙。

相片墙是杨芳的光荣榜：照片上的她或在世界各地的标志性风景前留念，或与肤色各异的国际友人合影。身后风景千变万化，国际友人衣着光怪陆离，唯有她的着装永远不变，一直是一袭蜡染布衣。但蜡染布衣似乎很争气，永远百搭，毫无违和感。照片中甚至可以看到青春无敌的杨芳身着蜡染衣衫在白宫的留影。

“这是 1986 年拍的，那时我正好 18 岁，和我们丹寨的蜡染前辈王阿勇一起受邀出访美

< 在布匹上用蜡刀作画是丹寨“白领苗”苗女居家必备功夫

∨ 画蜡染工具蜡刀

国，在白宫为里根总统表演蜡染。里根总统看了我们的表演后，赞王阿勇为‘东方第一染’，称我为‘蜡花小姐’！这是苗家蜡染第一次走出国门。”杨芳指着墙壁上的照片述说排倒莫蜡染的历史。

当“蜡染第一人”王阿勇去世后，杨芳就成了排倒莫蜡染的“带头大姐”。她联合起排倒、排莫、排调等10多个“白领苗”支系做蜡染的自然村，组成了排倒莫蜡染专业合作社，时间长了，排倒莫三个字，便成了蜡染的代名词。

“因为我经常到世界各地表演蜡染，蜡染这蓝白相间的美，是全世界通用的语言，我就很自然地有了世界各地的订单。”杨芳说起蜡染时一脸自豪。

原来，早在30年前，蜡花小姐就已经开始为蜡染代言了。

蜡笔画家 深闺藏

吃完饭，她顾不上洗刷碗筷，就匆匆进卧室梳妆打扮起来——杨芳认为自己作为“白领苗”蜡染的代言人，有责任展现出蜡染最美的一面。十几分钟后，她从卧室出来时就摇身一变，从“广场舞大婶”化身“蜡花小姐”——身上是一袭素雅的蜡染布衣，头发高高束起，没有用银簪，只用一个蜡染头箍就箍出一个高耸的发髻。这是“白领苗”支系苗女的标准打扮。

进入蜡染制作时间，“蜡花小姐”推开堂屋后门，一丝轻微的陈腐气味就混进了还残存着饭菜余香的堂屋里。

“不用担心，这酸腐味没毒，它是缸里的蓝靛陈腐后散发出来的。”看到我们皱眉，杨芳指了指角落处的一个大木桶。木桶里盛满了黑水，木桶上横着一根木棍，木棍上有三四个巨大的衣架，每个衣架上都挂着一匹还在滴水的青布。那青布便是刚刚染过色的蜡染布。

我们想凑过去看个究竟，杨芳却示意我们上楼。楼上是她们的作

坊，一间 20 平方米左右的房间摆着两列桌椅，每一列从前到后，放了 4 张桌子。每张桌子上都摊着一张或大或小的白布，桌子右上角摆着一个电热锅，锅上方飘着淡淡的热气，整间屋子里充满香甜的气息。

每张桌子前都坐满了人：有年过六旬梳着发髻的老妇，有年方二八披着长发的姑娘，也有还没有桌子高、站在椅子上装模作样的小女孩儿。

她们都低着头，手上拿着一根奇怪的“笔”，在电热锅里蘸一下，就拿回胸前在白布上抹一笔，一条弧形的暗黄线条就出现在了白布上。

一蘸一抹，手起笔落，几分钟时间，白布上便出现了一幅工笔画的蝴蝶图。蝴蝶是苗族最喜爱的一种图案，它源于神话故事《蝴蝶妈妈》。每一幅“白领苗”蜡画都是工笔画，但不同于国画的闲情逸致，苗家蜡染只画生活起居、民族文化。

∧ 杨芳蜡染工作室里画蜡的苗女

当白布上出现一只展翅的蝴蝶时，披着长发的姑娘把手上的“笔”

∧ 以刀代笔画蜡

> 用蜡刀画蜡

轻轻放下，朝杨芳这边点了点头，就如同私塾中的学生写完毛笔字，等待先生检查。

“蜡刀不应该停顿，每根线条都应该一气呵成。”杨芳就像私塾先生一般指导着女孩。这女孩的蜡花绝对是美术学院毕业生的水准，但是在杨芳心里远远达不到蜡染师入门级别。

“白领苗”苗女从十多岁就开始画蜡，一直画到老，少则四十年，多则七十载，最终每个苗女都修得一手“信手拈来画工笔”的绝活。但每个蜡笔高手，却一辈子都在山中苗寨深闺藏。

眼前这工序是做蜡染的第一步——画蜡。所谓画蜡，就是用眼前这支奇怪的“笔”——蜡刀蘸蜂蜡之后，在白布上画出各式各样的图案。画蜡的过程和写毛笔字很相似：电热锅就像砚台，锅中蜂蜡就如墨汁，蜡刀就好比毛笔，而白布则代替宣纸的角色。

蜡刀刀头是由一种带有凹槽的弧形铁皮构成，便于储存墨汁——蜂蜡。写完毛笔字时，一笔下去，墨汁就吸附在宣纸纤维中。画蜡也一样，蜡刀画过，蜂蜡留痕。

画蜡结束后就进入第二步——染色。杨芳拿起一块蜂蜡图案已经固化好的白布走下楼。把白布全部浸入水缸中，用木棍在水缸中来回搅拌五六个回合之后，再用木棍挑起布匹，这时水中的白布已经面目全非：留下白色的地方便是蜡刀曾经画过的地方。因为蜂蜡有排水性，蜂蜡留下痕迹的地方就变成了水的禁地。

染完色后，杨芳把蓝白相间的布匹挂在水缸上面的衣架上晾晒，走到厨房角落里的灶台前，向大锅里面倒进几大桶水后，在灶里燃起大火。待锅里的水烧得滚烫时，她就把染完色晾干的布匹浸入开水中，拿起火钳夹住布在开水里面翻动，每翻一次，锅里就泛起一层油花。

“水面上这层油花是被开水从布里面赶出来的蜂蜡。布在开水里面煮得越久，火钳翻得越勤，蜂蜡就出来得越干净，表面上的蜂蜡也就回收得越多。”

布匹在开水里面煮完之后，还要再经过冷水漂洗。杨芳拿起一只盆接了自来水之后，把锅里的布匹一块块夹进水盆中漂洗。

“以前漂洗工作都是在门口的小河里进行，从排倒莫搬到扬武镇上后，住进了镇中心，离市场近了，却离河道远了，漂洗这道工序就都只能用自来水了。”杨芳往水盆中放水漂布，邻居家的小孩拿起蜡染布给杨芳帮忙。

“可惜了，小娃长成小伙子时，就少了一个考察媳妇的地方。”杨芳摸着小男孩的头边打趣边回忆。

顺着杨芳的目光，时光回转到她刚刚成为“蜡花小姐”时。那年夏天的排莫村里，她身穿一袭蓝底白花的布衣，一手拎着竹篮，一手拿着棒槌，和姐妹们成群结队地到小河边漂洗，而村里的小伙子们则是“鬼鬼祟祟”地潜伏在河道上游泳。谁都知道，小伙子们只是以游泳为名，偷窥谁家姑娘长得标致，谁家姑娘手巧做的蜡染布更多、图案画得更俏，才是他们心里打的小算盘。

> 杨芳在染布时，邻居家的小孩在一旁观看帮忙

失落的"嘎闹"精神家园

∨ 制作蓝靛染料

扬武镇政府所在地原本并没有做蜡染的传统，只有零星像杨芳这样的人从排倒莫迁来，才慢慢让这里有了点儿做蜡染的火种。要领略蜡染的精髓，就必须潜入大山深处的排倒莫。

第二天，和文化站站长龙震在宾馆楼下碰面，这天的车换成了四驱越野："此去排倒莫山高路远，你们得有心理准备！"龙站长上车之后，为打发时间，向我们讲起了排倒莫蜡染的前世今生。

蜡染，古称"蜡缬"，是在我国流传久远的古老印花工艺。黔东南的蜡染工艺，据说是从汉地流传过来的。有资料可查的历史可以追溯到唐代，而丹寨蜡染在黔东南蜡染中又非常特别。住在丹寨排倒莫一带的苗族属于苗族"丹都支系"，也是外人通常所称的"白领苗"，该支系自称"嘎闹"，意为"鸟的部落"。

"嘎闹"出名，是因为其瑰丽的民族服饰。苗族"嘎闹"服饰是一项享有盛名的国家级非物质文化遗产，而苗族“嘎闹”支系下又分为七个不同的亚族群。雅灰型的百鸟衣、麻鸟型的锦鸡服都是各个亚族群中的代表性服饰，而排倒莫的代表性服饰便是蜡染服。

丹寨的蜡染产区主要在县城东南的扬武镇、排调镇一带，整个蜡染区域50多平方千米，21个自然村寨，14 500人。整个蜡染区的核心便是扬武镇最偏远的排莫村和排倒村，这里最为闭塞，做蜡染的传统得以保存得最完整。这里也被看成是“嘎闹”蜡染文化的保留地，因此但凡提到丹寨的蜡染，众人都以“排倒莫”来统称。

车出了丹寨县城就开始爬山，很快我们就湮没在群山之中。湍急的马颈坳河如突击的轻骑兵，硬生生在黝黑的山体中切割出一条深深的峡谷。峡谷是自然的馈赠，我们得以沿着峡

< 丹寨基加村的苗女们

谷边缘的路探寻排倒莫这一蜡染秘境。前方的山路云遮雾绕，而我们要寻访的苗寨便在云和山之间。

车辆在一座山寨门前停下，我们已经抵达排倒莫系列村寨中的一座。步行入山寨门后，眼前出现了一座类似电影《功夫》中猪笼寨一般的苗寨。寨子中间是一个小盆地，层层叠叠的木房沿着山坡而建，把近 200 平方米的小盆地围得严严实实。

苗寨做蜡染最出众的杨秀芬和杨春燕把我们引到斗牛场边的二层木楼中。木楼的二层为村委会所在地，一层是村办的蜡染合作社。合作社只有两间房间，一间是工作间，正中摆着八张木桌，角落里放着一张木织机。座子上有一老一少母女模样的两人在画蜡，场景就如三味书屋中学生在练毛笔字；木织机上有位小媳妇正在织布，“唧唧复唧唧，木兰当户织”形容的正是此情此景。隔壁是蜡染合作社的展览室，三四十幅造型各异的蜡染布挂满了四壁。展览室的正中央坐着一男一女两位中年人。女子拿着几团棉花摇着老式纺车纺线，男子则蹲在火锅前用筷子夹菜。

如果说杨芳的合作社有一丝艺术工作室的范儿，那眼前的合作社则弥漫着浓浓的家庭味道：纺线、织布、画蜡、染布全部自己搞定，甚至画蜡用的蜂蜡都自己割，染布用的蓝靛膏也是自己生产的。很难想象在社会分工如此细致的当下，世间还存在一座如此自给自足的苗寨，蜡染还被用在村寨生活的方方面面。

男子名叫杨开亮，是基加村的村支书。村里的合作社就是他和杨秀芬、杨春燕一起筹划组建的。

表现农作场景的蜡染作品

基加村户户能织布，家家做蜡染，但是在合作社成立之前，村里织的土布、绣的苗绣、染的蜡染都只是自家用。近几年，随着排倒莫的名气越来越大，村里慕名而来收购工艺品及拜师学艺者越来越多，甚至有人不远万里跑到这儿，就是为了看一眼村里原汁原味的斗牛表演……

环绕基加村的群山，让村中的生活在整个世界按下快进键的当下依然保持暂停状态。当外界已经跑步越过了几个时代，基加村甚至在生产方式上仍是几百年前的状态。当外来者闯入时，就如同走入失落的世界，基加村也因为闭塞，成为失落的“嘎闹”精神家园。

> 设计图案

∨ 苗族老人在织布

我们来基加村，主要想体验蜡染之村的风情，拍摄蜡染工艺的全过程。而我最想观看的是河中漂洗，因为河边是劳动与爱情同步进行的场所。但杨秀芬却告诉我，村里河边漂洗蜡染布的传统已经断绝多年了。因为几年前，流经村庄的马颈坳河被拦腰截断，建起了水电站。

做蜡染脱完蜡后，需要在清水中漂洗。基加村的女人们都会将这个步骤放在马颈坳河进行，但自从前几年河上游建起水电站后，原本水流充沛的马颈坳河水位直线下降，退守到幽深的谷底。基加村是马颈坳河切割群山形成的村落，基加村做蜡染也是因为有马颈坳河这条活水。如今河流几近断流，村里在河边漂洗蜡染布的传统也就断了。

看我对河中漂布的场景无限期待，杨秀芬和两位苗家大姐用苗语嘀咕几声后，三位身着苗族正装的苗女每人一手拎着一桶蜡染布，一手拿着木棒槌钻进了越野车——水电站离村口太近，所以必须往下游走几千米才能找到河流漂布。

终于，我们找到了一处不太深的峡谷。三位苗女一字排开，站在河中央的巨石上开始漂布。每漂完一块蜡染布，她们便把布匹摊开晾在河中的巨石上。每一块蜡染布在石头上摊开，就像给石头文上了不

同纹理、蓝白相间的图案。

蜡染漂洗对苗家来说，不仅仅是去蜡这么简单。对苗族来说，“蜡”尽“图”见的过程是一次次民族文化记忆加深的经历。因为，苗族蜡染不仅仅是一种装饰，那些蓝白相间的纹理，更是保存着苗族文化密码的象征符号体系。

苗族学者刘雍教授说，苗族蜡染符号分为象形符号和抽象符号两种。象形符号包括鸟纹、蝴蝶纹、鱼纹等，鸟纹在苗族“嘎闹”支系用得尤其多，因为“嘎闹”支系认为自己是古代蚩尤部落中以鸟为图腾的“羽族”后裔，在蜡染上画鸟纹就是在纪念自己的祖先；蝴蝶纹则在苗族各个支系的蜡染中广泛应用，因为蝴蝶在苗族被称为“蝴蝶妈妈”，而在苗族传说中，“蝴蝶妈妈”是苗族的起源。

类似的纹理密码还有很多，譬如鱼纹代表着繁衍和婚配，而几何纹则记录着苗族祖先的历史迁徙……

黔东南蜡染的生命力要比湘西蜡染顽强得多，尤其在丹寨“白领苗”的聚集地排倒村、排莫村。在这里，蜡染非但没有像其他的手艺一般消亡，还表现出很强的“侵略性”：村民着蜡染服装的习俗不但得以保留，本没有做蜡染习俗的其他苗族支系（杨芳合作社所在地扬武镇）也有了做蜡染的习俗。更强大的是，这个以“排倒莫”为名的合作社，竟然把200多户家庭作坊联合起来，接收来自北京、上海、香港等大都市甚至是国外的订单。

再一次见到杨芳时，是三个月后，在丹寨县的另一座苗寨，以制作鸟笼而闻名的卡拉村。穿村而过的高速公路让卡拉鸟笼变成了放长线的风筝越飞越高，又像长刀把村庄一分为二，仅留下一个丑陋的涵洞让村民来往。这个涵洞就如同一只捏住卡拉苗寨咽喉的手，让卡拉的村民和来卡拉的游客都喘不过气来。因而当地政府想到一个创意——让来自北京宋庄的当代艺术家联合丹寨的蜡染艺术家一起涂鸦，试图把涵洞变废为宝，成为旅游景点。

< 把在家染好色的布匹拎到河边漂洗

来自宋庄的艺术家天马行空，画上了一大堆“毕加索式”的图案，而蜡染传承人杨芳则在涵洞上画了一只巨大的“蝴蝶妈妈”。以前，她和她的姐妹们从来都只是拿着蜡刀在布上作画，小则一尺见方，大则一米见方。这次虽然画的是蜡染最传统的图案，却以涵洞墙为画布，以自喷漆为画笔。画布的尺寸被无限扩大，蜡染的概念也被无限放大。

“尽管自喷漆没有蜡刀用得顺手，但没想到‘蜡画’能画得这么

< 杨芳对自己的蜡染作品非常喜爱

> 杨芳的蜡染作品

大！蜡染图案竟然还能画在石头上。”

卡拉苗寨，高速路下，当用画蜡染的方式涂鸦后，蜡染传承人杨芳无限感慨。

手艺自有七十二变。要让蜡染变成永不凋谢的花，得让它学会不断进化。

绒花：

寂寞宫花独自红

他左手把拐杖放在墙角，
右手取下木架上的熟绒就开始工作。
狭小的工作室，
是甘熙故居 99 间房中的一间，
这里曾是南京望族甘氏家族的宅邸。
离老人工作室不远的房间，
曾是黄梅戏名角严凤英和甘家三公子甘律之的卧室。
这老宅里，京剧、昆曲、黄梅戏，余音绕梁百年不绝。
甘、严二人的《天仙配》最后曲终人散，
甘氏家族也人去楼空，只留下坚守的老手艺人。
偌大的宅院，除了剪绒时发出的沙沙声，
就再也听不到其他声响。
老人的手艺是制作绒花，
绒花是旧时每个姑娘的生活必需品。
如今，绝大部分人甚至没听说过“绒花”这个名词。
老人和他的手艺，都变成了“古董”，将成为远去时代的回响。

发髻上的南京

南京绒花的历史可以上溯到唐朝，它起源于唐朝仕女簪花的习俗。“春日游，杏花吹满头”（韦庄《思帝乡》），“山花插宝髻，石竹绣罗衣”（李白《宫中行乐词》）。唐诗里的仕女头上所戴杏花、山花，是世风“头戴一枝芳”的写照。

然而，鲜花受制于时令，不可四季常有，又易枯萎而不能长久，尤其是唐代贵妇们喜爱的牡丹，花期只有20多天，会给文人墨客造成荣华易逝、容颜易老的联想。此外鲜花插在头上，易掉色掉汁，簪戴不方便。于是，不枯不败、精致唯美的绒花就应运而生了。

早晨8点钟，南京老城南，一位拄着拐杖的老人，穿过车水马龙的街道，推开深深庭院的厚重大门。

老人名叫赵树宪。20世纪三四十年代，南京老城南一带聚集了40多家绒花作坊，柯恒泰、张义泰、德胜祥、马荣兴……赵树宪便是张义泰的第三代弟子。绒花传到赵树宪这一代就只剩下他一位艺人了，很多人在介绍他时，总喜欢加上“最后的绒花艺人”这个称呼，把这看作是对他的一种褒奖。但在赵树宪看来，这却是最大的讽刺。

狭小的工作室里除了剪刀剪绒时发出的声响，就再也听不到任何其他声音，偶尔前来的参观者会在导游的带领下走马观花：“这是南京最有代表性的手工艺品——绒花。旧时，南京‘一事三节（婚嫁喜事和春节、端午节、中秋节）’都有装饰绒花的习俗。因而绒花有另一个称号‘发髻上的南京’……”

现在的甘熙故居被辟为南京民俗博物馆。这里有99个房间，每个房间里展示着一种传统手工艺或民俗。赵树宪不喜欢绒花被这样对待。在他看来，每个房间里放一种手工艺品，让老艺人们做活态演出以展示昔日的南京，传统手工艺就成了橱窗里的展品，老艺人就成了“动物园”里供人参观的“动物”。游客见证的不是活态的绒花，而是绒花已“作古”的现状。每当有游客来参观时，赵树宪就会下意识地放下手上的剪刀，静静地望着窗外，随着导游的介绍，回到旧时的南京。

赵树宪还清晰地记着当年绒花“绽放”时的情景：七八十年前，老城南的绒花作坊大多采用“前店后厂”的模式。家庭妇女在后面的工厂负责绒花加工，男人则在前面负责绒花的市场运营。每到过年过节时，每个绒花作坊门

口都停满卖花郎的货担。

彼时，在南京能看到的一大景观就是大街小巷身背圆屉的卖花郎。圆屉一般有四五层，每层装有不同样式的绒花。他们每个人手上都会拿着个长柄的镗锣，一边吆喝一边摇晃镗锣，镗锣两边拴着的小木槌便从左右两面打击锣面，发出叮咚、叮咚的清脆声响。卖花郎背着圆屉走街串巷，一听到锣声响起，不管是大家闺秀还是小家碧玉，都会探出头来。因为旧时不像现在饰品琳琅满目，女孩子可选择的饰品少得可怜，这些美丽的绒花就轻而易举地俘获了姑娘们的心。

“看着卖花郎把货担往热闹的街口一放，那一层层摆花的圆屉放在地上，周围围满人时，作为一个绒花艺人，我打心底里自豪。”赵树宪一说起绒花的“光辉岁月”，激动就溢于言表。

一把剪刀，一盏台灯，身为“最后的绒花艺人”、张义泰的第三代弟子，赵树宪蜗居在南京老城南的甘熙故居中，向游客“表演”着南京独有的绒花工艺。

∧ 赵树宪位于南京甘熙故居的工作室

> 甘熙故居内景

安全

> 制作绒花的工具

∨ 赵树宪工作室内景

艺人的灵性是绒花的灵魂

“说到绒花的制作，那就不得不提曹雪芹和云锦！”赵树宪边演示绒花的制作工艺，边述说绒花的历史。制作绒花所需的材料，和南京的另一种传统手工艺云锦息息相关。

南京绒花的兴盛和曹家有着千丝万缕的关系。曹雪芹的曾祖父曹玺、祖父曹寅、伯父曹颙、父亲曹頫，三代四人共出任江宁织造府理事官 58 年。曹家人对云锦的苦心经营，使云锦制造呈现出前所未有的繁荣。制作云锦只会选择缫丝厂最优质的蚕丝入料，这样就剩下了大量下脚料，用之不匹，弃之可惜，却正好是制作其他民间手工艺的绝佳材料。明清时在老城南一带，围绕着云锦形成了负责宫廷手工制品采买事宜的“七作二房”区。云锦是“七作”中绣作的代表，而绒花则是花作中的翘楚。

于是，随着江宁织造府云锦的繁荣，南京绒花制作也开始水涨船高。因为产量极大，绒花从“旧时王谢堂前燕”，慢慢“飞入寻常百姓

家”，也融入了南京的风俗。旧时，南京每到婚嫁喜事和春节、端午、中秋节时，妇女、孩子都会在发髻、发辫或两鬓插绒花作为装饰。《红楼梦》大观园中姑娘们为宫花争风吃醋的情景，不是曹雪芹的凭空想象，而是旧时南京人佩戴绒花习俗的真实写照。

当年南京的三山街至长乐路一带，曾是著名的“花市大街”，云锦艺人们用边角料制作的绒花、绢花把这里装扮成了花的海洋。然而，如今云锦产量急剧下降，边角料很难找到，赵树宪要专门去苏州购买制作苏绣用的蚕丝。

以往绒花兴盛时，制作绒花的材料在市面上随处可以买到，因而艺人只需要专心于绒花制作。如今因为制作绒花的人少了，已经无人生产专门的材料。好在绒花生产用料简单，材料很容易准备。因而即

∧ 绒花都用桑蚕丝作为原材料

＞ 勾条工序之刷绒

使一个人，也可以勉强维持整个产业链。

赵树宪一手拿剪刀，一手拿着绒条打尖。所谓打尖，就是用剪刀对绒条进行加工，使圆柱体状的绒条变成钝角、锐角、圆角、球体、椭圆体等各种形状。打尖相当于园丁修枝剪叶的过程，只不过园圃中的花朵是一个整体，而打尖时的花则是被拆分成了"零件"。所以在打尖时，不仅要注意单个的"花瓣""花蕊"的美观，还要注意它们组合起来是否协调。要做到这一点，就必须多观察现实中花草的形态。"要想制作的绒花有生命，就得用心去观察有生命的花草。"赵树宪说。草木有本心，绒花也是有生命的，而艺术的灵性就是绒花的灵魂。

当一切准备就绪后，就进入了最后一环——攒花：用镊子将打过尖的绒

∧ 刚刚攒花完工的绒花

条进行造型组合，配合黄铜丝、皮纸、料珠等辅助材料制作出绒花。如果把绒花看成一个生命，那之前的工序就是孕育出各个器官的过程。而攒花，就是把这些器官组合起来，使之成为一个有机的整体。

攒花就是组装的过程。把打尖后的绒条按照心中的想法做成形状

各异的绒花。绒花艺人不像现在的设计师，会先画出设计图。所有的花样、形状都记在艺人心中。以前艺人们攒花，主要是临摹师父们的花样。现在老师父都已经过世，花样也无传世，艺人只能对着照片临摹。更多的时候，看到了生活中美的花朵或图案，就把它做成花样。

赵树宪制作的绒花戏曲人物头饰

绒花获得新生命

花费一整天时间，赵树宪完成了他的作品—— 一顶凤冠。当他把这凤冠举起时，吸引了所有人的目光，有几个漂亮的女孩围了上来，试戴凤冠扮新娘。

“以前中国没有婚纱，凤冠霞帔是每个姑娘结婚时的标配！后来，被‘移风易俗’了。但是，最近两年，好像又慢慢开始回归了。这凤冠，我每年都要卖掉好几顶。有人买来收藏，有人用来结婚，还有演员用这个做道具！”赵树宪说到这时，欣喜溢于言表。

从 20 世纪 90 年代起，鲜花不再稀缺，仕女簪花的传统也渐渐消失。长达 20 年的时间，绒花这门古老的手艺如同元稹诗中描写的那样，“宫花寂寞红”。近年来，随着传统文化回潮，绒花开始在南京人的记忆中复苏。但遗憾的是，绒花制作技艺因为仅有赵树宪一位传承人，最终落选国家级非物质文化遗产，只在 2006 年成为江苏省非物质文化遗产。而赵树宪老人，作为唯一一位仍以制作绒花为业的艺人，被指定为江苏省非物质文化遗产绒花制作技艺项目传承人。虽然已经年过六旬，手脚已不利索，但是赵树宪一直在不断地尝试拓宽绒花的边界，寻找和这个时代重新接轨的可能。

“世界风云变幻，我自岿然不动”“荒年饿不死手艺人”的时代过去了。欲求美人折，“草木有本心”是远远不够的。在这个时代做绒花，已经不仅仅是做园丁，观察花花草草形态那么简单了，还得研究流行时尚。赵树宪尝试着把传统的绒花改成胸饰，居然有年轻人佩戴后发微博、朋友圈，这让他信心大增。接下来，赵树宪继续让绒花跨界，吸收点翠的技法，做出了绒花点翠头饰，让绒花重新占领发髻——老手艺也能变得流行时尚。

近年来，随着传统文化回潮，作为南京曾经象征之一的绒花再度走入人们的视野。在第四届南京名城会上，作为会花佩戴在市长的胸前；在第二届国际民间艺术组织世界青年大会上，被来自世界各地的青年评为“最美中国手工艺”……赵树宪在坚守了20年之后，终于迎来了绒花复兴的时刻。如今，全国各地的订单纷至沓来，订单已经排到了三个月之后。

> 赵树宪如今的订单源源不断

∨ 勾条工序之夹铜丝

2012年，当姚星彤身着“绒花若雪”礼服亮相戛纳，滑如丝、白如雪的毛绒制成孔雀般造型的裙身，加上手绘和刺绣结合的透明紫藤，让她走在红毯上就如同孔雀走在水边。礼服一出就迅速吸引了世人的目光。这款礼服是中国著名服装设计师劳伦斯·许的“中国风”代表作之一。很多人通过惊艳戛纳的“绒花若雪”，知道了“中国风”设计师劳伦斯·许，却很少有人知道“绒花若雪”的裙身是赵树宪花费一个月时间，用1 000根绒条拼接而成的。

“绒花若雪”的出现，把绒花从历史的边缘带入时尚圈，但也让作为工匠的赵树宪卷入了纷争。

“从没想到绒花还会被这么多人喜欢。”赵树宪拉开抽屉，拿出一沓快递单激动不已。“有的人专门坐飞机从昆明来南京，就是为了买一朵绒花；有的人专门从北京赶过来，问我招不招徒弟。我已经很久没带徒弟了，求之不得啊！但是来拜师的人，是出于对手工的热爱，练练手而已，真正想以此谋生，传承这门技艺的一个都没有！”聊起绒花的传承，赵树宪的笑容就凝固了。

赵树宪收过很多徒弟，但没有一个能真正做满三个月。2017年，我偶然见到电影版《三生三世十里桃花》海报中，影片角色头顶绒花。欣喜绒花真正地流行起来，我连忙恭喜赵老摆脱“最后的绒花艺人”

头衔。没想到赵树宪却说："我不仅'最后的绒花艺人'头衔没了，绒花艺人的头衔也快丢了。"

原来，曾有一个设计师跟他学了三个月绒花后，就甩开老师接收欧洲订单。不像老师一样，就算订单排到三个月后，也还要一刀一剪自己做，徒弟成立了公司，直接把"绒花"二字注册了商标。如果商标注册通过，摆在赵树宪面前只有两条路：要么别做绒花，要么向徒弟购买商标授权。"古董老师"惊呆了："绒花是传了千年的工艺，怎么能注册商标呢？"

我对这件事情义愤填膺，但赵树宪却很淡定。他指了指橱窗中的一件作品：上百根颜色渐变的红、绿色绒条组成了一个椭圆形的鸟巢。鸟巢之上，是绿色绒条组成的雌鸟，它伸开绒条组成的翅膀，庇护着鸟巢中六只鹅黄色的雏鸟。赵树宪把这幅作品命名为《期盼》。赵树宪说，多么希望自己就是那只张开翅膀庇护雏鸟的雌鸟。但绒花工作室这 10 平方米的鸟巢，已经"空巢"了很多年。虽然被侵权，但因为这件事，工作室最近一直人流不断。大家都知道了南京有绒花，这也算是件功德无量的事情。

绒花从南京市非物质文化遗产升级为江苏省非物质文化遗产后，经过多年的努力，却始终无法晋级国家级非物质文化遗产。没有年轻的传承人是最大的原因。说到这儿，我才明白赵树宪最新作品《期盼》的含义。

∨ 赵树宪的绒花作品《期盼》

窗户劈竹篾。当我走进门后，佝偻着的身影转过来，让我大吃一惊——劈竹篾的不是满脸皱纹的老者，而是容光焕发的年轻人。看出了我的惊讶，张保成开始自我嘲讽："不是我长得年轻，我本来就年轻。只因为我做这老行当，大伙儿就一直把我当老人！"

才见面，张保成随即开始讲他遭遇的尴尬：两年前，刚满30岁的张保成开始带徒弟，收的徒弟却都是老年人。有一天，有位记者来采访，看到清一色的老人在扎风筝，只有年轻的张保成躺在躺椅上乘凉，于是走上来问："师傅，哪位是师父？"张保成答："我就是！"记者以为张保成戏弄他，于是转向老人们："师傅，哪位是师父张保成？"老人们齐刷刷地指向张保成，记者才相信了"师父30徒弟60"的事实。

"谁说扎风筝只是老年人才能做的把戏？在老家潍坊，我刚会走路，就开始跟着大人学

家在南京

『北京沙燕儿』

行走在南京军农路上，眼见的是破旧的老楼、幽深的巷道，难寻繁华都市的气息，这很符合我心中民间手工艺的印象。进入兰翎创业园才发现，这里是南京老手工艺人的聚集地：面雕、剪纸、玉雕……每一个房间都是一个单独的工作室，由一位民间艺人坐镇，会聚为南京老手工艺人的大本营，而风筝艺人张保成就是其中的一员。

一个人、一个房间、一个名叫“南京鸢都绝艺坊”的工作室，坚守着一门老手艺的同时，追寻着自己的人生理想和生活态度。

工作室门虚掩，一个人正佝偻着背面对着

∨ 对照已制好的风筝骨架，用铅笔在白纸上临摹出图案

听说风筝艺人张保成，
不是从广场大爷、大妈的嘴里，
也不是在政府文化机构的花名册中，
而是在“大众点评”的团购活动里。
平时只见团购美食、电影票之类，
团购风筝倒是第一次见。
于是便对这“老来俏”的风筝艺人来了兴趣。
对张保成了解多了，
就发现他的“老来俏”远远不止团购风筝这么简单。
开风筝淘宝店、让风筝进课堂、
制作大型风筝“青奥龙”迎南京青奥会
——印象中“躲进小楼成一统，
管他冬夏与春秋”的民间艺人，
何时变得这样与时俱进了？

∧ 劈竹篾

劈竹篾了！”张保成边说边把竹篾劈得吱吱作响，似乎在为风筝鸣不平。张保成心里有一股不平之气，八年前，他正是带着这股不平之气来到南京的。

那一年，南京举办了一次全国性的风筝节，那时，还在潍坊风筝研究所工作的张保成来到了南京。张保成不是为了赶风筝节的热闹，而是为了借这个机会，研究一下南京本地风筝。作为风筝研究学者，张保成深知南京风筝在中国历史上的地位：在全国的风筝流派中，有一种名叫“北京沙燕儿”的风筝，在北方影响极大。“沙燕儿”被冠以“北京”之名，影响了整个北方风筝，但却鲜有人知，“沙燕儿”起源于南京——南京是曹雪芹从小生活的地方，曹雪芹自幼喜欢扎、放风筝。到北京之后，曹雪芹拿南京的风筝和北京的对比写了一本《南鹞北鸢考工志》，介绍风筝的制造、彩绘和放飞方法，而“沙燕儿”就是从那时开始在北京流传起来的。张保成来南京，只是为了给“北京沙燕儿”寻根。

张保成来到南京后，却发现南京非但没有古老“沙燕儿”的踪迹，历史上有名的“金陵纸鸢”流派也已不见踪影。风筝节上，在这个产生过“曹氏风筝”的地方，天空中漫天飞舞的是来自世界各地的风筝。于是，张保成心里有一个想法开始萌动——到南京做南京风格的风筝。

心动后就行动，第二年，张保成辞去潍坊风筝研究所的工作，只身一人来到南京，在夫子庙成立了一家名为“南京鸢都绝艺坊”的工作室。

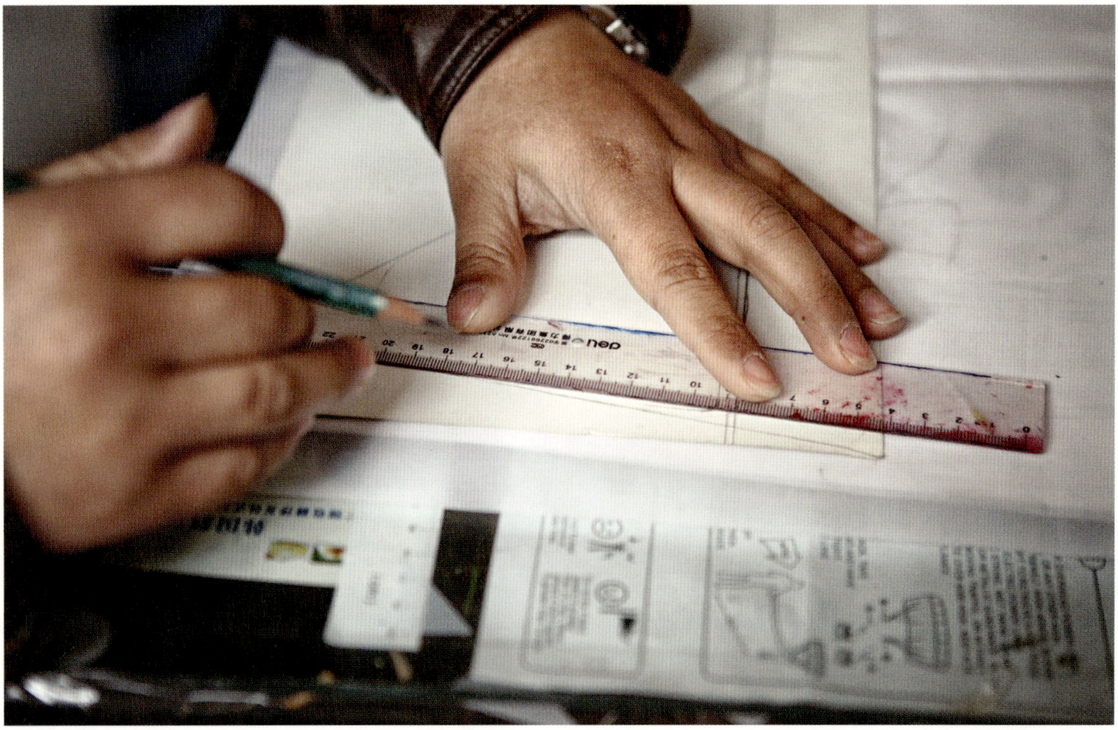

∧ 给风筝上色

< 画设计图

竹扎纸糊 剪不断飞天梦

风筝虽然流派纷呈，但是每一种风筝流派的工艺不外乎“扎、画、糊、放”。想要做南京风格的风筝，那就要首先练好基本功。来南京以前，张保成过的是学院式的生活，更多的是从事理论研究。来南京后，张保成开始实战。

做风筝第一步是扎骨架。自墨翟削木制木鸟为风筝、鲁班以竹代木改进风筝后，2 000 多年来，竹子一直作为风筝的骨架。每一个风筝艺人制作风筝，都是从选择竹子开始的。一般要选用竹节长、竹肉厚的毛竹。竹子砍下来后不能立即用，要晾干一年，等到竹材不脆、不霉、无虫蛀、韧性强时，再开始劈篾。

张保成正要做一个 6 寸（约 20 厘米）长的“沙燕儿”。他先在纸版上用尺子画出“沙燕儿”的轮廓，“这是风筝的骨架，接下来的工

作，就是用铅笔在竹篾上按长、宽、厚，以及对称部分的经纬度做好标识。”标识做好后，张保成用美工刀在标识处截断竹篾。刮去竹篾上表面的青皮，刮平下表面竹黄上的纹理，剔除疤节后，点燃一盏酒精灯。在做过标记的地方，从竹黄处烘烤几秒钟后，把竹篾取下，轻轻弯曲。等待竹篾开始出现弧度后，又把竹篾放在酒精灯上烘烤，反复几次之后，张保成把竹篾往纸版上一靠，不知不觉间，“沙燕儿”的一只翅膀骨架已经搭好。

接下来，要把“沙燕儿”的各个部分用棉线对称绑扎好。

风筝上天，是一门平衡的艺术，最难的是风筝两边要完全对称。两只翅膀的大小、形状、重量要完全一样，不然风筝不能保持平衡，就不能上天。

∧ 风筝上天，平衡极其重要

风筝上精美的图案都是由手绘而成

在学会“扎”的基本功后，才开始进入下一个环节——“画”。这时“金陵纸鸢”才开始由理论转为实践。

张保成的工作室中，挂着一副名叫“孙悟空”的“金陵纸鸢”。张保成说，直到“糊”成了这个风筝，他做南京风格的风筝的心愿才达成。

“孙悟空”的骨架只是用普通的竹子做成的，之所以说它是“南京风格”，是因为“画”的技法。这只纸风筝采用的年画图案，是明清时期的风格，而且是用雕版印刷术印刷而成的。

“你看‘孙悟空’身上这缤纷的色彩，是用桃花坞独特的‘套版’工艺层层上色而成的……”张保成说起自己的风筝时眉飞色舞，就如传说中的剑痴“十年磨一剑”，终于将宝剑铸成一般。

< 风筝做好后，试试牢固程度

∨ 张保成制作的风筝造型多变，有传统的蝴蝶，也有的像一片羽毛

不抛媚眼 做风筝

> 每只风筝都是艺术品，所以，无论造型还是风筝的表情，都精益求精

如果把风筝流派比作武林门派，那么潍坊风筝无疑是站在华山之巅的华山派，作为一个“宁可食无肉，不可居无筝”的风筝艺人，离开风筝之乡来到风筝界的“老少边穷地区”南京，无疑是自讨苦吃。诚然，张保成到南京来，立志做南京风格的风筝时有开宗立派的豪情，但是很快，他就遭到冰冷现实的打击。

最初来南京时，张保成在南京最繁华的夫子庙开了一家风筝工坊，却很快歇业。不是张保成学艺不精，而是他的风筝独树一帜：小到薄如蝉翼、不足一克的蝴蝶风筝；大到100多米长、做一个龙头就要一个星期的“龙头蜈蚣”；抑或是为南京青奥会制作、赢得满堂喝彩的“青奥龙”……张保成为风筝煞费苦心，但是最终无一例外都是落得“叫好不叫座”的处境。

因为，南京的风筝市场就那么大，而且，很多风筝爱好者所青睐的完全不符合他在传统意义上认同的风筝。在张保成眼中，风筝工艺“扎、画、糊、放”缺一不可，是工艺美术与体育运动的合体。但如今市面上的很多风筝却偷工减料，让风筝的概念“精神分裂”：有的现代风筝不讲究画工，随便糊一块布料就敢上天；有的风筝只求装饰，可以出来见人，但是不能上天见风。有“风筝洁癖”的张保成，只做自己认可的传统意义上的风筝。

全力以赴地做风筝，既然在最繁华的地方开店也养不活自己，那就退守到偏僻的创业园中，白天在熙来攘往的人群中吆喝卖云锦礼物做营生，晚上则延续千百年来“扎、画、糊、放”的工艺做着最传统的风筝。

“工艺是传统的，但也并不是一成不变的，比如在设计环节，可以尝试着用制图软件绘图；在销售时可以尝试网络营销。但是万变不离其宗，不能为了向顾客抛媚眼，让风筝变得为了飞而飞，或者为了好看而不能飞。如果为

了做风筝而做风筝，那风筝飞起来也不快乐。”一个六寸长的“沙燕儿”，张保成用了两个小时做完后，迫不及待地到院子里试飞。

寒流刚刚散去，树梢上点缀着的几点残雪让整个城市还浸透在冬天的氛围里。人们都猫在家里，紧闭了门窗，调高了空调。而风筝艺人张保成却迫不及待地捧着冬天扎好的各式风筝，走到肃杀的街道上。他首先举起右手感知到风向后，一只手拉着丝线，一只手把风筝高高举起，双腿迈开迎着料峭的寒风奔跑，就像一只老鹰带着一群刚孵出的雏鹰展翅试飞。在张保成看来，春天不是在空调房里等来的，而是被风筝唤醒的。他从风筝之乡潍坊千里迢迢来到南京，就是为了第一时间把这竹扎纸糊的精灵放上天，提醒这里的人们，又到风筝飞天时，又是一年春来早。

< 制作风筝的各式材料

∨ 看着自己制作的风筝飞上天
是张保成最开心的事情

年画，理应是最具喜庆氛围的媒介，
但对我来说，却是满纸幽怨：
2014 年的一天，和南京一位做版画的朋友聊起桃花坞，
我兴致勃勃地谈起新派桃花坞年画《丽人图》。
朋友黯然地说，
这年画的作者凌君武跳楼自杀了。
对桃花坞来说，新派年画宣告终结。
2014 年底，一位关注湖南民艺的朋友告知，
滩头年画传承人高腊梅去世。
高腊梅是我采访名单上优先级最高的一位，
但寻访的步伐最终没赶上老人离去的脚步，
对我来说，滩头从此无老年画了。
2015 年，我参与了一位好朋友发起的寻访中国手工纸活动，
纸道寻访路线要经过滩头。
在滩头我们要寻访的是湖南竹纸。
竹纸是一种用竹浆制作的手工纸，
曾经广泛地用在生活的方方面面，
当机械纸广泛应用后，祭祀和制作年画成了竹纸的主要用途。
当得知要考察湖南竹纸的重要应用——滩头年画时，
我一边埋怨，为何不早一年开启纸道之旅？
又心怀期待，离开高腊梅的日子，滩头年画可安好？

la
蜡
民族蜡染·绞染实习基地
执委单位
60
DIY

大炮在此，百无禁忌

穿过堂屋后，老染坊立刻就“原形毕露”：堂屋后面是一个 40 平方米左右的天井，天井靠右边有个蓝渍斑斑的大水泥池，水泥池用石棉瓦覆盖，但是仍不断有淡淡的腐烂气息从中飘出。

我们连呼了几声，都无人应答，瞥见天井最靠里边的一间小门敞开，便探了过去，发现一位老大爷正静静地看着电视烤着火，直到我们进屋后喊了两声，大爷才抬起头来，眼睛睁得如铜铃一般瞪着我们，表情和堂屋里挂的画像上的人一模一样——他便是传说中的老染匠刘大炮了。

我们表明来意后，老人才从围着布帘的八仙桌下的火炉上移开手脚，抬起手指了指墙壁四周——屋内“家徒四壁”，只挂满了各式各样的蓝印花布。听说我们要拍摄蓝印花布制作的工艺过程，刘大炮站起身来，慢吞吞地走到天井里的水泥池旁，掀开池子上的石棉瓦，手伸

> 刘大炮站在黄永玉给他画的画像前

进蓝色的池水中搅动片刻后说："今天印染不成，明天吧！"

"怪不得那画上手是蓝色的，原来是被这池水染的！"摄影师看到眼前景象后惊呼。听到摄影师的话后，刘大炮的热情似乎被点燃了，快步走到堂屋的画像前，用蓝色的手指着画说："你说的是这幅画啊？其实黄老先给我画的不是这幅！"刘大炮把我们领进卧室，卧室墙壁上也挂着一幅怒目金刚、双手抚膝、正襟危坐的画像。

"黄老第一次找我染蓝印布画后，给我画了这幅，我说画得不像！后来他找我染画多了，观察仔细了，一次见我刚捞完布，双手沾满靛青时，让我坐定画了这幅，这次，有几分像了！"

刘大炮搬了把凳子，坐在堂屋自己的画像前，点了一根烟，开始简述自己家族和草木染的往事，还有自己因蓝印花布和黄永玉结缘的故事。

凤凰古城里的草木染店铺

隐身闹市的邮差雕版师

冬日的滩头古镇没有古意，只有凉意，滩头年画雕版艺人刘国利的工作室就在熙熙攘攘的镇中心。

刘国利的本职工作是邮递员，平时他的工作内容是给街坊邻居们派送报刊、信件，雕年画画版只是兼职。今天是周末，邮局不上班，于是他来到自己的工作室中做祖传的“私活”。只见他一手握刻刀，一手拿木槌，不紧不慢地在木版上雕刻起来。

众人都在感叹年画传承无系统，刘国利却不这么认为：“其实，历史上滩头并没有专业

∨ 滩头年画的画稿

的年画艺人，因为年画是需求季节性很强的物品，并不能长年生产。因而滩头年画艺人都是兼职的，他们很多都是农民，农忙时种田，农闲时才制作年画贴补家用。”

刘国利是在父亲刘广南手上学的这门手艺，而父亲则是 14 岁时在镇里跟一位叫高富昌的师父学的艺。制作年画虽然不是一种高精尖的科技，却是一门专业性很强的手艺，需要不同的作坊来分工协作。

年画制作分为画稿、制版、印刷三个阶段。刘国利的父亲还年轻时，刘家专门负责制雕版，而他家雕版的画稿则来自村里的农民画师。刘家雕好的版会有专门的印刷年画的作坊来购买；印刷作坊印刷完年画后，又有专门的年画商贩收购后到贵州售卖。

专业的人做专业的事情，一方面术业专攻使年画的质量提升，另一方面可以批量生产，有效降低生产成本。因而，滩头古镇成为远近闻名的年画之乡。

“但现在不是这样了，现在做的人少了，整个滩头古镇就两三家还在做年画。为了让年画手艺更好地传承下去，政府希望每个手艺人都能胜任年画的全套工艺，所以我们刘家现在除了雕版，也开始印刷年画了。”刘国利指着像晾衣服一般悬挂在竹架上的年画说。

墙壁上挂的年画和我们常见的年画角色

< 每一张年画都是由不同的套色版套色印制而成，一张年画上有几种颜色，就要雕多少块套色版

∨ 滩头年画传承人刘国利正在自己的工作室里雕版

差不多。只不过这些秦琼、尉迟恭、苗王、苗将，完全不似我想象中一般高、威、猛，而是每一个都呆、憨、萌。据说这些门神年画历来很少在本地销售，都是销往贵州的少数民族地区。少数民族地区的牛鬼蛇神居然能被这样造型卡通的门神给镇住，它们得有一颗多么柔软的心！

年画在人们的印象中，和春联是同一种类型，只不过春联是过年时贴在门上表达吉祥的装饰，而年画是印在纸上的民俗，主要是用来辟邪。一幅年画，就是社会的一扇窗，透过它，我们能看清世间百态。

∧ 做雕版的工具

> 年画印刷是一件单调乏味的工作，却要精神高度集中，稍不留神就会出现重影

从地窖 回归工作室

高腊梅是滩头古镇名人。随便问镇上一个人，都能指出她生前工作室的详细地址。拐进小巷，当看到满巷的大门上都贴着秦琼后，我们知道距年画工作室不远了，因为滩头镇的居民早就没有了贴年画的传统。这太反常了——果然，高腊梅的儿子钟健桐说这些年画都是他免费送的。然而免费送街坊们还不高兴贴，他就花钱请人糊上去了，糊出一个中国年。

高腊梅年画作坊十分古朴，钟健桐登上木楼梯，以似挂面一般垂下的年画为背景，坐在瓦片之下，开始制作年画。

高腊梅年画传习所，确切地说，只是“传习（传承和学习）”年画印刷工艺。钟健桐说，做年画是个系统工程，滩头古镇上的无数家小作坊共同铸就了滩头年画这个品牌。

“我们钟家，自我爷爷开始就专攻年画印刷了，爷爷上面有多少代人，我也说不清了。就像滩头年画有多少年历史一样，也没有确切的考证。反正一直有需要，就一直有人做。《西游记》第九回就有门神的故事，我想，钟家做年画的历史应该不会比《西游记》短！”

钟健桐先从放雕版的木架上取下一块雕版，在案板上固定后，又

取出一张竹纸在案板边上的夹板上夹紧。

“这块雕版，在‘文革’时被父亲放在乡下亲戚家的地窖中，才得以保存下来。保存下来的现存有 35 种，整个滩头年画原有雕版却有几百种之多！近年湖南邵阳市非遗中心尝试着恢复，但付出很多努力也只恢复了 6 种！”钟健桐边固定雕版，边讲这块雕版的坎坷身世。

雕版固定好后，他又取出一叠灰白的纸放在案板边上夹紧。这纸便是印刷滩头年画用的矾纸。所谓矾纸，就是将当地产的手工竹纸刷一层明矾后制成的特种纸。

“竹纸吸附的颜料多一些，年画颜料更艳，加明矾后颜色反差大，

∧ 滩头年画中的门神

既与湖湘文化的辣味、阳刚之气相符合，又契合贵州少数民族地区的审美品位，因而滩头年画虽然产自滩头，却销在贵州。其他地方的门神，要么是神荼、郁垒，要么是秦琼、尉迟恭，滩头年画也有这些题材，但更多的却是苗王、苗将、苗帅、苗族英雄。因为神荼、郁垒和秦琼、尉迟恭这些都是汉族的文化，而滩头年画多销往贵州，这些汉族门神就水土不服了，于是入乡随俗，就慢慢地苗化了。20 世纪 80 年代恢复年画生产后，滩头古镇上竟然一下子冒出了 20 多家年画作坊，我家的作坊也是在那时恢复生产的。”钟健桐边印年画边讲自己家族和年画的渊源。

那时，钟健桐的父亲还在滩头镇上的竹纸厂上班，白天上班，晚上回到家里和母亲高腊梅一起做年画贴补家用。他们把祖传的雕版从乡下亲戚家的地窖中取回来，沿用祖上“成人发”的名号用老版印刷。因为钟家是滩头镇的年画世家，“成人发”的名号在滩头镇有口皆碑，钟家的年画作坊很快就红火起来，于是夫妻俩开始商量让年画作坊生产年画常态化。因为父亲在竹纸厂的工作是家庭收入的主要来源，于是夫妻一合计，决定让妻子高腊梅全职生产年画。

“术业有专攻之后，我们钟家的年画做得越来越精美，母亲做年画的名气越来越大，最终，她成了滩头年画的代言人，作坊便开始以母亲之名闻名了！”钟健桐的母亲高腊梅是滩头年画艺人中少有的专职年画艺人，她用自己的双手把年画这一滩头人只用来贴补家用的营生做成了享誉海内外的手艺。

岁岁年年画不同

“我没办法像母亲那样做个纯粹的手艺人，因为我是个公务员。我只能尽自己的本分，让这门手艺不在我手上断掉。”对于年画的传承，钟健桐已经做到无愧于心了——钟家的年画招牌前有“成人发”，后有“高腊梅”，但年画毕竟是一门小众的手艺，就连滩头年画的标杆钟家，也没办法靠年画养活自己。年画传到钟健桐这一代，钟家兄弟几个已经没有人专职做年画。钟健桐是钟家兄弟中对年画最有感情的一个——当父母年老后，作为政府公职人员的他曾经两次停薪留职，跟着父母在家学了两年年画手艺。尽管后来又重新回到单位上班，但也与时俱进，把自己的工作和家族事业结合，创作了诸多反腐题材年画。这些年画，在制作工艺上完全沿用传统手工技法，题材上却是与时俱进、推陈出新，又切合了自己的本职工作，因而深受大家欢迎。

“我女儿今年 26 岁，愿意学。但我不知道她能学到什么水平！年画仅靠几个年画世家的后人来传承，是远远不够的，这样‘几代单传’说不定什么时候就断了！”

在印完年画后，钟健桐坐在工作台前，完成印刷年画的最后一道工序——给门神点睛画唇。这道工序也是滩头年画和其他地方年画不同的地方：滩头年画门神的眼睛不是直接印上去的，而是用笔一笔一笔点上去的。

九岁的小邻居江鑫听闻有客人远道而来探

访年画，不顾瓢泼大雨冲到年画作坊内，围在钟健桐的工作台前，抢着回答来访者提的每一个关于年画的问题。原来，滩头镇小学已经把滩头年画作为选修课，学校选修的学生有 30 多人。江鑫已经选修年画整整一年，再加上经常到年画传习所串门，早已对年画的制作流程熟记于心。

“我喜欢滩头年画，以后也要做年画传承人！我最喜欢的年画是《两袖清风》《一钱太

∧ 钟健桐在印刷年画，小邻居在旁边观摩

▽ 潍头年画的传统题材《表姐赠珠》

守》……”小江鑫对滩头年画如数家珍。他真的会做年画传承人吗？我对此心存怀疑，但可以肯定的是，年画已经潜移默化地在他心里留下了烙印。

在我们离开高腊梅年画传习所时，听到一个消息。时尚品牌设计师马可在滩头考察并提取了无数滩头年画的元素，注入她的设计品牌“无用”中。马可于 2015 年 10 月 29 日开始，在北京举办了一场名为“滩头年画，魂兮归来”的滩头木版年画展，整个展览历时半年。

“无用”掀起的对年画关注的热潮还未平息，2016 年 1 月 1 日，一部讲述门神故事的电影《小门神》终于上映了。久未受人关注的门神，终于风光了一回。

我坐在电影院中看《小门神》，当看到电影中“天下太平，门神下岗”的对白时，心里百味杂陈：电影中面临失业的门神愁眉苦脸的表情和滩头年画中门神虎虎生威的形象截然相反，反倒和做年画的手艺人有几分相似。

其实，有什么好担心的呢？只要你做好本职工作，就总会有人惦记着你：以前门神是贴在门上辟邪的，如今在“无用”的展览中，门神被做成设计感十足的灯饰；在电影《小门神》中，门神则摇身一变成为“中国风”动漫主角……

未来，门神将会出现在什么地方？谁知道，有可能真的“下岗”，也有可能无处不在。

图书在版编目（CIP）数据

彩 / 雷虎撰 ；阮传菊摄影. — 北京 ：北京出版社，2020.12
（大国工匠）
ISBN 978-7-200-15858-8

Ⅰ. ①彩… Ⅱ. ①雷… ②阮… Ⅲ. ①非物质文化遗产—民间艺人—生平事迹—中国—现代②非物质文化遗产—介绍—中国 Ⅳ. ①K825.7②G122

中国版本图书馆CIP数据核字(2020)第176971号

封面题字：李　杰
总 策 划：李清霞
策划编辑：黄雯雯
责任编辑：张素琴
特约编辑：杨　超
装帧设计：q-design
美术编辑：魏建欣
责任校对：魏旭辉　刘孜慧
责任印制：武绽蕾

大国工匠
彩
CAI

雷　虎　撰　阮传菊　摄影
*
北京出版集团
北京出版社　出版
（北京北三环中路6号）
邮政编码：100120
网　　址：www.bph.com.cn
北京出版集团总发行
新华书店经销
北京华联印刷有限公司印刷
*
180毫米×255毫米　16开本　14印张　246千字
2020年12月第1版　2020年12月第1次印刷

ISBN 978-7-200-15858-8
定价：189.00元
如有印装质量问题，由本社负责调换
质量监督电话：010-58572393